国家社会科学基金项目（13BZZ011）

中央高校基本科研业务费专项资金资助项目（2362015xk02）

MILL ON LIBERTY：A DEFENCE

密尔论自由：一个辩护

【英】约翰·格雷 著

毛兴贵 译

人民出版社

目录

CONTENTS

致谢与文献说明

这本小书的写作得到了很多人的帮助。它构思于我在晚年约翰·普拉 vii
门纳茨(John Plamenatz)指导下写作关于自由主义的博士论文期间。如果
不是普拉门纳茨非常友善地对我最初的工作表现出兴趣,如果不是我后来
的导师阿兰·瑞安(Alan Ryan)和斯蒂文·卢克斯(Steven Lukes)给予我鼓
励和支持,我是否能完成这本书将成为问题。从一开始一直到整个研究计
划的完成,我在牛津大学艾克塞特学院上大学时的哲学指导老师克里斯托
弗·凯尔文(Christopher Kirwan)就我的一系列初稿提出了宝贵的评论和建
议。晚年的约翰·瑞斯(John Rees)也慷慨地对本书初稿提出了书面的和
口头的评论。格雷姆·邓肯(Graeme Duncan)阅读了本书的一份初稿,他给
予我很大的帮助,使我能够更清楚地表达我的观点。我要感谢以赛亚·伯
林(Isaiah Berlin)爵士和哈特(H.L.A.Hart)对本书的进展所作出的重要贡
献。伯林对后期的稿子提出了非常犀利而详细的评论,哈特的批评在我写
作这本书的好几个阶段都激发了我的思考。我要特别感谢特德·宏德里奇
(Ted Honderich),他对本书的几份草稿都提出过评论,而且他的批评和鼓
励在这本书的构思过程中对我极其重要。我要感谢我所在学院的院长和院
士们,他们批准了我一段学术假,在这段假期里,我的这本书有了相当的
进展。

还有几个人耐心地阅读了后期书稿,并作了评论。其中我要特别感谢
Brian Barry,Fred Berger,J.P.Day,David Gordon,D.N.MacCormick,J.Raz,D.A.
Rees,A.K.Sen,C.L.Ten 以及 W.L.Weinstein。由于读过这本书的人没有谁
完全赞成其中所有的观点,而且我有时不顾那些评论者的批评而固执己见, viii
所以我一定要强调一条常见的免责声明:对于这里所提出的论证,责任完全

由我独自承担。

我早期的关于密尔的观点一篇题为"密尔论自由、功利和权利"①的论文收录于《人权》（*Human Rights*，*Nomos XXIII*，J.Roland Pennock and John W. Chapman 编，New York University Press，1981），在纽约大学出版社的许可下，这篇论文的有些部分在这里重印了。我也要感谢 Roland Pennock 教授和纽约大学出版社允许我使用这篇论文。

J. N. 格雷

牛津大学耶稣学院

密尔著作的权威版本是 *The Collected Works of John Stuart Mill*（Toronto University Press，1963）。不过，我总是试图引用最容易找到且使用最广泛的版本，比如 Everyman edition of *Utilitarianism*，*On Liberty and Representative Government*（London，Dent，1972）；如果一本书有很多版本，我会指出引文所在的章节。本书第一章注释 17 罗列了一些最新的解释密尔论自由与功利的文献。

---

① 中译参阅《权利与功利之间》，曹海军编，江苏人民出版社 2006 年版。——译注

前　言

　　在这本书里,我质疑了密尔论自由的著作的特征问题上一个公认的观 ix
点。青年密尔最多是一名过渡期的思想家,他论社会问题与政治问题的著
作没有揭示出一种融贯的学说或论证模式,相反,仅仅是一些建立一套折中
主义体系的尝试,而这一体系最终未能成功。这种观点已经成为 19 世纪英
国思想史上的老生常谈。至于《论自由》,很久以来传统的观点都认为,密
尔试图在那本书中化圆为方(square the circle)①,即为自由相对于其他价值
的优先性提供一种功利主义的辩护。还有什么样的智识事业会比这种做法
更加错误,或更加显而易见注定要失败呢?

　　我这里的研究旨在通过分析文本并重构密尔的论证来表明,《论自由》
并不像一百多年来那些冷酷批评者和解释者所认为的那样是一部愚蠢之
作,相反,在密尔在诸多最重要的道德与政治著作中所支持的一系列关于自
由、功利和权利的论证中,《论自由》是最为重要的一部分。这本书远非密
尔的批评者所讽刺的那样是密尔前后矛盾的标志性著作,相反,它非常融
贯,不仅《论自由》中的推理是前后一致的,而且它与密尔在其他著作——
在那些著作中,一种功利主义行为理论被运用于道德生活与政治生活的许
多问题上——中发展出来那种推理模式也是一致的。《论自由》包含了我
所谓的密尔的自由学说的一部分,在这种学说中,为确立一个道德权利体系

---

　　① “化圆为方”问题是两千四百多年前古希腊人提出的一个几何作图难题,其任务是用
直尺和圆规求作一个正方形,使其面积等于一已知圆的面积。该问题曾吸引许多人研究(比
如霍布斯),但无一成功。1882 年法国数学家林德曼证明了圆周率 π 是一个无理数,因此同
时也证明了化圆为方问题是不可能用尺规作图法解决的问题。因此,“化圆为方”意指不可能
完成的任务。——译注

所作的辩护是从功利主义角度进行的，在那个道德权利体系中，自由权（the right to liberty）被赋予了优先性。

密尔最大的原创性仍然体现在他对功利主义的正义理论和道德权利理论的论述中，也体现在他为自由权至高无上所作的辩护中。功利主义的正义理论和道德权利理论这个概念仍然是大多数当代道德哲学家的绊脚石，他们往往认为，提倡这样一种概念本身就是思想混乱的一个征兆，即便这个概念并非显而易见的术语矛盾。我要提出，这种反对用功利主义来为正义和权利辩护的立场依赖于一种对功利主义本身所持的单薄且狭隘的看法，而且忽视了密尔对功利主义传统的贡献的某些最为独特的特征。我将论证，我们可以在密尔那里找到一种独特而有力的间接功利主义，它并不存在可以恰当地归于其他形式的功利主义的大多数缺陷，也能够产生一种融贯且合理的关于正义和对自由的道德权利（the moral right to liberty）的理论。

从密尔关于自由的论著的上下文来看，他是一位很了不起且很有体系的思想家，而且在很大程度上他仍然是英国功利主义传统的一部分。他的自由学说就像他刚提出来的时候一样，仍然是可以批评的。但是最重要的批评并不是这样一些批评，这些批评把一种功利主义的道德权利理论之不可能性视为理所当然；也不是另外一些批评，那些批评利用了一种过时的密尔形象，认为密尔持有一些尚未成熟的观点，在到底是忠于功利主义传统还是忠于他的自由主义承诺（liberal commitments）的问题上彷徨无助。相反，对于密尔为自由所作的辩护，最中肯的批评都将注意力集中于下述主张：他低估了人类幸福的各种条件与构成要素在多大程度上会相互冲突，因此，他没有去面对许多现实的道德困境真实的深度与难度。我并不认为密尔的著作包含了对这种批评的满意回应，但是我希望表明，即便承认了这种批评是有效的，密尔自由学说的很多方面仍然具有说服力和重要性。在这本书中，我把密尔描述为一个系统的思想家，把《论自由》说成是在表达一个融贯的学说。如果这本书因此而有助于密尔的读者在评价其观点时能够公正对待他的意图和成就，它就达到目的了。

第 二 版 前 言

在这本书新增的"跋"中,我提出了后来我对密尔的自由主义以及对自 ^{xi} 由主义事业(liberal project)的看法。原文没有作任何修改。我没有试图在实质内容上修改我对密尔的解释,相反,我试图说明为什么我不再认为密尔对自由的论证可以得到辩护。因此,我重新思考了对密尔自由理论的主要的传统批评,并得出结论说,它们具有一种密尔的论证无法应对的力量,我在本书第一版中提出的那种修正解释已经表明了这一点,而且我现在依然这样认为。然而,密尔《论自由》一书中的计划之所以失败,更深层的原因涉及密尔的自由主义与各种形式的自由主义所共有的一些特征,其中最重要的一个特征就是,它们持有一种欧洲中心主义的人类历史观和进步观。由于自由主义对普遍权威的主张依赖于这种观念,密尔《论自由》中的计划的失败也意味着自由主义事业本身的失败。

多年来与以赛亚·伯林和约瑟夫·拉兹的交流,促使我形成了后来这些对密尔和自由主义的看法,但他们都不是我形成这些看法的决定性因素。

我所取得的成绩,都归功于我的妻子 Mieko。

约翰·格雷

1995 年 4 月

牛津大学耶稣学院

对于那些献身于自由的人来说，没有任何东西使得自由很重要。他对自由的热爱是没有理由的。①

——瑞斯

我已经说过，个性与发展乃是同一回事，唯有培养个性才造就出或才能够造就先进的人类，这样，我可以在这里结束这一论证了：说到人类事务的条件，最好的说法莫过于说它使得人类向他们最好的状态更进了一步；说到对好事的阻碍，最糟糕的说法莫过于说它阻止了人类向他们最好的状态更进了一步。然而，毫无疑问，这些理由不足以说服那些最需要说服的人；而且有必要进一步表明，这些先进的人们对于那些落后的人来说有一定的价值，即向那些不想要自由也不利用自由的人指出，如果允许别人运用自由而不加阻挠，他们自己也会以某种可以理解的方式得到回报。②

——密尔

---

① R.Rhees, *Without Answers*, London, Routledge & Kegan Paul, 1969, p.84.

② John Mill, *On Liberty*, London, Dent, 1972, pp.121–122.（中译参阅约翰·穆勒:《论自由》,孟凡礼译,广西师范大学出版社 2014 年版,第 74—75 页。译文略有改动,下文凡译文有改动处不再一一注明。——译注）

第一章　《论自由》中密尔的问题

1. 一种传统的解释

有一种传统观点认为,《论自由》中密尔的问题是无法解决的。密尔断 1
言,他在那里的目的是捍卫一条单一的原则,该原则是用来规范对个人思想
自由和行动自由之干涉的,对此,他有一句著名的话:"有一条非常简单的
原则","社会以强制与控制的方式来对待个人时要绝对遵守这条原则"。①
对于他试图捍卫的那条原则,他说:国家与社会对个人行为所进行的限制自
由的干涉"要绝对遵守这条原则"。这种说法意味着,密尔希望这条原则可
以毫无例外地运用于所有的社会,除了他的一句话所涵盖的社会以外,那句
话排除了"处在落后状态的社会,在这样的社会,一个种族可以被认为尚未
成熟。"②在规定他用来证明应该同意他提出的原则的论据种类时,密尔宣
称那些论据将只诉诸功利主义的理由:"可以恰当地说,虽然从一种抽象权
利的观念——即把权利看做一种独立于功利之物——出发于我的论证有
利,但我绝不会这样做。"③那些支持这种公认观点的人毫无疑问地认为,密
尔在这些陈述中所追求的事业被他严重误解了,几乎不可能是融贯的。

自从《论自由》于1859年出版以来,对密尔论自由的著作的破坏性批
评就一直主导着我们对这本书的看法,这股强有力的破坏性批评潮流中有

---

① J. S. Mill, *Utilitarianism*, *On Liberty and Considerations on Representative Government*,
London, Dent, 1972, p.72.(中译参阅约翰·穆勒:《论自由》,第10页。——译注)
② Ibid., p.73.(中译参阅约翰·穆勒:《论自由》,第11页。——译注)
③ Ibid., p.74.(中译参阅约翰·穆勒:《论自由》,第11页。——译注)

一些共同的因素。它们共同构成了对密尔《论自由》中的事业的可怕指责。

2　它们指出,密尔的道德直觉与其道德理论的蕴涵意义(implications)相矛盾,只有一方或另一方做出重大让步,他才能求得二者的平衡。它们还指出,他在《论自由》中所诉诸的那些论证和价值观与他在那里和其他著作中所支持的功利主义伦理学完全是格格不入的,因此,《论自由》一书就像密尔本人一样,必然是自相矛盾的。这种传统的批评与解释反映了19世纪英国思想史上一种通常的观点,在这个观点看来,密尔打破了边沁与他的父亲老密尔作为重要典范所代表的那种思想体系,但是他从来没有完全承认自己背叛了这一思想体系。这样,他的思想很自然地被看作一个七拼八凑的折中主义大杂烩,一旦面临任何持续的批评,它就会散架。视密尔为一个折中主义和转型期的思想家这种观点以一种不可抗拒的方式表明,我们不能指望他的道德与政治著作产生一个融贯的学说,而且,特别是《论自由》的论证必定是失败的。

如果你认为过去一百多年来密尔的批评者在解释《论自由》的时候在每一个重要问题上都是一致的,那你就犯了一个幼稚的错误。不过,他们的解释所包含的共同要素很容易为人发现,这些共同要素表达了一种对这本书非常有力且很有影响的批评,足以被称为一种对这本书的公认看法。在这个公认看法内部,我们可以区分三种不同的理据,它们都支持着一个信念,即密尔《论自由》中的事业注定会面临一场不光彩的失败。这些论证中的第一种借助于功利主义的一个逻辑,即它是一种奉行单一原则的道德理论。毕竟,人们通常认为,一个功利主义者会用这样一个问题来处理每一个实践情境:我可以采取的所有行为中,哪一个行为能够导致最好的后果? 密尔自己也说:"把功利原则或最大幸福原则作为道德之基础的学说主张,行为越是倾向于促进幸福就越是正确,越是倾向于导致幸福的反面就越是错误。"①根据这一说明,一个以产生最好后果为唯一目标的人不希望束缚自己的手脚,不采取实现其目的的最有效策略。因此,如果一种准则(maxim)事先就禁止他做出某些向他开放的选择,那他绝不会把这种准则作为行动指南。尤其是,如果一种准则迫使他在慎思中不要把某些好的后果看得很

①　J. S. Mill, *Utilitarianism*, *On Liberty and Considerations on Representative Government*, London, Dent, 1972, p. 6.(中译参阅约翰·穆勒:《功利主义》,徐大建译,上海人民出版社2008年版,第7页。——译注)

重要,那么他也不会采取这种准则。而这似乎恰恰就是密尔在《论自由》中所作的。他自己在那本书中坦承,他致力于这样一种观点,即认为功利原则 3 设定了一些角度,每一个道德问题都要从这些角度去回答。如果是这样,当密尔思考与限制自由有关的道德问题时,他为什么还需要另外一条原则呢?他是否能(为此)提供另外一条原则呢?如果密尔真的是,而且始终是一名功利主义道德理论家,那么每一个与限制自由之正当性有关的问题确实都必须仅仅根据所考虑的各种限制自由的政策之利弊来回答。一个功利主义道德理论家在必须决定如何行动时除了功利原则,不需要其他原则。

对于迄今为止的这个论证,可以反驳说它是在严重其夸大其词地描述功利主义伦理学。毕竟,一个密尔的捍卫者可以极力主张,任何明智的功利主义者都会承认(所有伟大的功利主义思想家也都会承认),比功利原则本身更为具体的戒条(precepts)与准则在我们实践生活的行为中是有用的,甚至是不可或缺的。出于经济(economy)、有限的信息以及有所偏袒的同情等方面的考虑,都严重妨碍了借助功利原则来决定每一个实践问题这样一种策略。因此,一个功利主义道德理论家无论是在进行道德教育和道德建议时,还是在他们自己的日常生活中,除了功利原则以外还需要一些原则。针对这条反驳,《论自由》的传统解释者回应说,无论这样一种做法是如何的明智,密尔在他这本书中确实没有采用它。他们声称,在《论自由》中,密尔不是把他的自由原则描述为一条可错的经验法则(rule-of-thumb),而是将它作为许多促进功利的策略绝对不可违背的禁令。自由原则告诉了我们什么呢?该原则声称,对自由的任何限制都不能得到支持,除非这种限制阻止了对他人的伤害。如果限制自由仅仅促进了幸福或福祉,比如给很多人带来了巨大利益,这种限制是不可能得到证成的。密尔这样规定他的自由原则:"唯有以自我保护为目的,人们以个人的或集体的方式干涉他们当中任何人的行动自由才是正当的。唯有以阻止对他人的伤害为目的,才可以违背一个文明共同体的任何成员之意志而对他正当地运用权力。"①密尔的自由原则把阻止对他人的伤害规定为正当限制自由的一个必要条件,这样,

①　J. S. Mill, *Utilitarianism*, *On Liberty and Considerations on Representative Government*, London, Dent, 1972, pp.72–73.(中译参阅约翰·穆勒:《论自由》,第10页。——译注)

也就为限制自由的理由之存在规定了一个充分而必要的条件。现在，密尔的困难是显而易见的，而且无可救药。根据他的观点，功利原则本身必须为支持或反对任何行为或行动计划（policy）提供所有的理由。然而我们发现他在《论自由》中力主采用一条准则，这条准则不仅内容不同于功利原则，而且实际上还要求我们在一个相当大的领域里无视行为（与不为）的功利主义后果。可以承认，密尔或许需要一条在内容上与功利原则有所不同的准则；但是如果与此同时又认为他所需要的是一条这样的准则，该准则规定，一种行为促进了功利这一事实根本不能作为赞成该行为的理由，除非它还碰巧阻止了对他人的伤害，那就太自相矛盾了。

因此，根据第一种反驳，密尔《论自由》中的困难源于他试图在那里从功利主义的角度来捍卫一条准则，那条准则不仅不同于功利原则，而且还要求任何一个采纳它的人在许多情况下忽视该原则的蕴涵意义。更晚近的一些批评者已经指出，密尔在这里的困境只是困扰着所有功利主义道德理论家的困境的一个特别明显的实例。与他所属传统中的很多人一样，密尔承认，我们不可能总是去计算后果；我们在日常生活中需要一些在内容上比功利原则本身更为具体的戒条或规则（rule）。但是，如果我们不想违背我们的功利主义承诺，我们就总是需要从功利主义的角度去证明采纳这些更为具体的准则是正当的。这就是说，这些准则必须不仅与功利原则的要求相一致，而且还可以从功利原则推导出来：它们之所以有分量，完全是由于它们能促进功利。它们只能是简便法则（summary rules），也就是能够缩减大量复杂经验的经验法则（rules of thumb）。如果它们不仅仅是经验法则，一个如此看待它们的功利主义者就是在放弃他的功利主义承诺，必须被判定为犯了崇拜规则的错误。从密尔表述自由原则的绝对化语言来看，就他自己的原则而言，密尔显然恰恰犯了这种崇拜规则的错误。他告诉我们："任何一个人的行为只有涉及他人时才应该对社会负责。在仅仅涉及自己的行为方面，他的独立性按理说是绝对的。对于他自己，对于他自己的身体和心灵，他自己就是主权者。"①这样，在处理自由原则时，密尔好像经常认为它

---

① J. S. Mill, *Utilitarianism*, *On Liberty and Considerations on Representative Government*, London, Dent, 1972, p.73.（中译参阅约翰·穆勒：《论自由》，第 10 页。——译注）

不仅不同于功利原则,而且还在某种程度上独立于功利原则,就好像它不仅仅是最高的功利原则本身的运用一样。其实,如果自由原则要想对自由给予任何特殊的关照,它就必须不同于功利原则的运用。密尔的问题恰恰在于一个事实,即只要密尔坚持把功利原则作为自己的最终原则,自由原则就只能作为功利原则的推论。 5

这第一条批评紧紧抓住功利主义的逻辑,即它是一种奉行单一原则的道德理论,而第二条反对意见指出了一个事实,即功利原则和自由原则保护的是不同的而且经常相互冲突的价值。自由原则告诉我们,除了涉及对他人的伤害的情况以外,我们不可以减少自由。而功利原则告诉我们,唯有幸福或快乐才因其自身的原因而具有价值。密尔的困难立刻变得更严重了。如果我们很自然地认为在文明生活的许多两难困境中自由的价值和幸福的价值都是竞争对手,那么有什么理由认为这两种价值总是互补且相互支持的呢?固然,同时接受两条没有例外的原则,一条原则是"始终要按照能使幸福最大化的方式去行动",另一条原则是"在没有伤害他人的情况下,绝不要限制自由",这并不存在任何形式上的不自洽。密尔的问题在于表明,为什么坚持一条没有例外的原则(功利原则),就必然要求我们赞成另一条这样的原则(自由原则)。但是,只有基于在人类事务之可预测性与规律性的问题上的一些成问题的假定,一条关于正当限制自由之条件的无例外原则在实践上的蕴涵意义才会和功利原则是一样的。任何对人与社会所持的实际而合理的看法都会认为,毫不妥协地坚持这样一条原则有时一定会导致幸福严重减少。这两条原则的蕴涵意义完全一致根本是不可能的。鉴于他的两条原则包含了不同的而且有时候会相互冲突的价值,一旦这两条原则发生冲突,密尔有什么理由不让他的最高原则压倒自由原则呢?确实,只要他仍然是一个功利主义者,他就不会允许任何因素去推翻功利原则的运用;但是其自由原则的力量恰恰就是为了防止诉诸功利来为限制自由作辩护(除了在极少数情况下以外)。如果自由与功利确实是不同的价值,难道它们不是必定会不时相互冲突吗?

在这一点上,或许可以为密尔辩护说,他并不认为功利或幸福像上述批评所认为的那样与自由不同。他告诉我们,他所谓的功利"必须是最广义 6

的功利,建立在作为一种不断进步的存在的人类之永恒利益的基础上。"①
在《论自由》开篇之处就立刻用"最广义的功利"这种说法来限定他对功利
主义伦理学的支持,其目的很可能在于表明,他所认为的幸福包括了诸如个
性(individuality)和自我发展这样的要素,这些要素或许还是幸福必要的构
成要素。反过来,幸福的这些要素本身或许在一定程度上又由一些与自由
有关(或者包含了自由)的条件所构成。

在反驳这条反对意见时,我们无疑可以承认,把自由和幸福看作好像是
完全不同的价值,这将违背密尔著作的基本意思。即便做出这种承认,他的
困难仍然存在。自由与幸福不可能被合理地相互等同。幸福的条件和构成
要素除了功利主义理论家必定会关注的自由以外还有很多。而且即便把自
由看作幸福的必要构成要素之一,当它和其他必要构成要素相冲突时,似乎
也没有正当理由赋予它无限的重要性。幸福的其他必要构成要素与自由相
冲突的情况并不罕见。很多人的幸福与实现一些非自由主义的理想密切相
关,他们的偏好受到这些理想的影响和塑造,主要关注于促进幸福(或偏好
的满足)的政策通常并不符合自由主义原则。实际上,如果我们这样来界
定自由主义:自由主义是这样一种学说,它规定,偏好应该得到最大限度的
满足,除了人们的实际偏好中所体现出的那些理想,无须考虑任何理想(巴
里[Barry]已经意识到这一点,他就是这样看待自由主义的②),那么这就会
具有自我挫败的效果。因为在任何平常的评价看来,自由都并非总是甚至
也往往并非是人类幸福中最重要的因素。把自由——它被认为是幸福的一
个必要构成要素——看得如此重要,以至于自由绝不能为了其他任何构成
要素之故而让步,这纯粹是在无充分理由地诉诸一种规定,也是在回避对
《论自由》所处理的那些实践困境进行严肃的思考。

任何对自由所作的功利主义论证如果规定幸福不可能与自由相冲突,

①　J. S. Mill, *Utilitarianism*, *On Liberty and Considerations on Representative Government*,
London, Dent, 1972, p.74.(中译参阅约翰·穆勒:《论自由》,第 11 页。——译注)
②　巴里对自由主义原则之自我挫败效果的论证利用了他在 *Political Argument*(London,
Routledge & Kegan Paul, 1965, pp.41-42)一书中所作的关注欲求的考虑(want-regarding consid-
erations)与关注理想的考虑(ideal-regarding considerations)之间的区分。他在 *The Liberal
Theory of Justice*(Oxford, Clarendon Press, 1973)一书第 126—127 页对这些论证进行了总结。

就一定乞题了(question-begging)。这样,我们可以认为,密尔的观点并不
是,幸福永远也不会与其他价值相冲突;相反,他认为,必须以一种特殊的方
式设想幸福,以便它体现或需要一种明确的关于个人卓越(personal excel-
lence)的观念。然而,如何用论证来支持这样一种受到限定的幸福观或如
何让它看上去合理,这并非显而易见的;而且除此以外,这样一种做法还违
背了通常被认为是自由主义所特有的主要特征之一,①也违背了自由主义
的一个经常为密尔所谈论的性质。这个性质就是,自由主义社会的制度以
及这些制度所体现的自由主义基本原则在不同的个人卓越观之间是中立
的。一个自由主义者确实可能会信奉一种特殊的好生活观念,而且他很可
能认为一个自由主义社会最适合于促进并实现这种好生活观念;但是他不
会认为自由主义社会的制度和原则是在以其他不同的好生活观念为代价来
促进他自己的好生活观念。在对自由所作的功利主义论证中,某些生活理
想被排除在考虑之外,不被看作幸福的生活。因此我们可以说,这种论证已
经丧失了某种自由主义精神,即便我们不能仅凭这一点就把密尔看作一个
道德极权主义者,②或者就说他陷入了某种逻辑不自洽。

　　我们所考察的第二种批评的主要观点是,密尔的自由原则和功利原则
借助或者需要的是不同的价值,这些价值可能会相互冲突。一旦它们真的
发生冲突,为了与他最重要的功利主义承诺相一致,密尔必须赋予幸福相对
于自由的优先性。因为这两种价值实际上相互冲突,我们并不能总是二者
兼得:自由与幸福相伴随这种一概而论的说法必定有很多让人不快的例外。
这一点对密尔的事业来说很重要,因为对自由作的任何功利主义论证原则
上都是可以推翻的;而且,如果自由真像其批评者所认为的那样并非总是实
现幸福的最有效手段,那么密尔就必须支持非自由主义的策略。密尔的传

①　自由主义在不同的好生活观念之间是中立的。这一点由德沃金最明确地提出,见他
的论文"Liberalism",in *Public and Private Morality*,ed.S.Hampshire,Cambridge University Press,
1978。

②　视密尔为道德极权主义者的观点由 Maurice Cowling 的 *Mill and Liberalism*(Cambridge
University Press,1963)和 S.R.Letwin 的 *The Pursuit of Certainty*(Cambridge University Press,
1965)提出。如果密尔支持一种特殊的人类卓越理想,那么他就必然会陷入一种道德极权主
义——这种观点遭到了 C.L.Ten 的有力批评,见 C.L.Ten,*Mill on Liberty*,Oxford,Clarendon
Press,1980,pp.146–151。

统批评当中的第三种批评综合了前两种批评,同时又增加了一些新的要素。我们已经指出,任何一条阻止功利的准则(utility-barring maxim),比如自由原则都不可能从功利主义推出来。对密尔事业的第三条批评——而且对很多批评者来说也是关键的一条批评——是他试图从功利主义角度来捍卫的自由原则是一条特殊的阻止功利的原则,就是说,这条原则赋予个人以重要的道德要求权(moral claims)。简单地说,这是一条分配道德权利的原则。但是没有任何一条授予权利的原则可以以一种令人满意的方式从功利主义推出来,或者从功利主义角度给予辩护。任何一条可以被承认为功利原则的原则必定具有汇总性的(aggregative)形式,就是说,它一定是把现存的幸福或将由行为产生的幸福之总量作为自己的主题。相反,自由原则具有突出的分配性(distributive)特征:它认为人拥有权利,但它根本不提要最大化或促进任何价值。密尔的自由原则似乎自然是一种正义理论而非一种善理论(a theory of good)当中的要素。对于阐明在一种正义观下所分配的权利之内容来说,一种善理论无疑是必要的,但仍然存在一个问题,即自由原则并不关心其贯彻可能会带来的益品(good)之总量。这个问题还可以表达得更尖锐,因为对密尔自由原则最自然的看法是,将它看作一条向追求幸福的行为施加一种道德约束的原则,而不是看作一条抓住了一种促进幸福的有效策略的原则。

第三条反对意见在哪些方面利用并发展了前两条批评,这一点应该是比较清楚的。我已经指出,密尔的功利主义道德只容得下一条道德原则,即功利原则。因此,在密尔对道德生活的描绘中,无法找到义务原则或权利原则的容身之处。对一个功利主义者来说,义务与正确性(rightness)必定是不可区分的:任何一个人背负的唯一义务就是促成最好的后果。正如摩尔——他自己就是这个观点的支持者——所说:"对任何一个行动者来说,在任何一种情况下,面临他可以去做的所有行为,他必定总是有义务去做那个其总体后果具有最大内在价值的行为。"①而且已经进一步指出,这两条原则诉诸的是不同且相互冲突的价值。现在有人极力主张,它们实际上是两条根本不同类型的原则。事实上,在有的批评者看

_____

① G.E.Moore, *Ethics*, Oxford University Press, 1966, p.121.

来,自由原则之所以不能从功利推出来,这恰恰是因为从特征上说,它是一条赋予个人某些道德权利的原则。比如,德沃金就认为,权利从本质上说向追求总体福利的行为施加了一些道德约束,①而诺齐克则认为他的边界约束或道德权利为最大化或最小化任何价值的行为框定了界线。② 最近其他一些学者——比如卢卡斯(Lucas)③——一致认为,权利的主题从本质上说是分配性的。

　　密尔似乎两面不讨好。一方面,由于他的原则规定,任何数量的利益都不能证成对自由的限制,唯有阻止对他人的伤害可以证成这种限制,这样,他的原则就对追求功利施加了一种无法从功利主义角度来辩护的道德约束。另一方面,虽然密尔承认,一旦自由原则为功利考量所设置的障碍被跨越了,功利考量就重新变成了最重要的考虑因素,但他依然不能成功地避免正义与总体福利之间古老的冲突。对于一种细微却很普遍的伤害,以某些通过了自由原则检验却将大量负担加在共同体少部分人身上的政策来阻止是划算的,却是很不公道的(inequitable)。因此,原则上讲,对于一种确实能阻止伤害却是以少数人最基本利益为代价的行动计划,功利主义道德内部似乎没有任何因素可以防止。这样,即便自由原则可以从功利原则推出来,密尔可能也需要另外一条原则来避免这样一些可能性。这条原则只能是一条独立的公道原则或公平原则(principle of equity or fairness)。但我们仍然不清楚,这样一条原则如何能够从功利主义推出来,因为个人在功利主义道德中被当作平等的,不过不是因为他们享有平等的权利,只是因为他们都是快乐的拥有者,而计算快乐的价值时无须考虑获得快乐的人的身份(密尔自己在别的地方明确地这样说过④)。第三条批评的主要意思是,密尔《论自由》中所使用的两条原则不能以他所提出的那些方式发生关联,原因之一在于,它们诉诸的是根本不同类型的考虑因素(一个是分配性

① 见 Ronald Dworkin, *Taking Rights Seriously*, London, Duckworth, 1977, pp.90-94, 188-192。在这本书的修订版中,德沃金承认可能存在一种后果论的权利理论(pp.294-301, 313-315)。

② 见 Robert Nozick, *Anarchy, State and Utopia*, Oxford, Basil Blackwell, 1974, pp.28-33.

③ 见 John Lucas, *On Justice*, Oxford University Press, 1980,第2章。

④ 见 Mill, *Utilitarianism, On Liberty and Considerations on Representative Government*, p.58,注释。

的,另一个是汇总性的)。我在这里已经指出,根本不可能成功地为一条分配性原则提供一种功利主义辩护,因为这种辩护必须去完成一件不可能完成的任务,即从一条原则推出另外一条与之截然不同且不可相互化约的原则。第三条批评包含了前两条批评,并建立在它们的基础之上,就此而言,人们普遍认为它已经得出了一个定论,即密尔在《论自由》中试图化圆为方。

2. 一种修正的观点

《论自由》出版以来的大半个世纪里,一直在密尔研究中占支配地位的那股破坏性批评潮流中可以找到一些共同的要素,我在阐述密尔的批评者用来支持他们的观点——即密尔《论自由》中的事业从根本上说是构思不当的(misconceived)——的主要理据时已经指出了其中的三点。对于我所谓的对密尔论自由的传统批评,如果谁想要一个例子,最好不过的办法就是去看看詹姆斯·斯蒂芬(James Fitzjames Stephen)的《自由·平等·博爱》,
10 在这本书中,这三种要素都非常明显。① 这本书迄今为止仍然是对密尔自由学说最有力的批评。斯蒂芬在这本书中主张,密尔不需要一条专门用来保护自由的原则,而且这样的原则对他来说也是没用的,因为对密尔来说,功利本身必定是所有政策与制度之正当性的唯一检验标准。斯蒂芬还主张,自由与幸福完全不一样,自由在一种功利主义道德中可能没有任何内在价值,更别说当它与功利的要求相冲突时它能有什么优先性了。最后,斯蒂芬坚持说,谈论道德权利这种做法对于功利主义在政治问题上的看法来说始终是陌生的,而且,功利主义要想保持自洽,也不能去谈论道德权利。斯蒂芬的论证以特别清楚的方式体现了大多数密尔批评者认为理所当然的许多假定,这些假定已经遭到了 20 世纪 60 年代兴起的一波新的密尔研究热

---

① James Fitzjames Stephen, *Liberty*, *Equality*, *Fraternity*, Cambridge University Press, 1967. (中译本见詹姆斯·斯蒂芬:《自由·平等·博爱》,冯克利、杨日鹏译,广西师范大学出版社 2007 年版。——译注)

潮的质疑。这一波修正解释①的潮流的最后结论是,对密尔论自由与功利的著作的传统批评没有注意到《论自由》的论证之复杂性和精巧性,忽视了

---

① 我并不想用"传统解释"与"修正解释"这两种说法来指两类学者,这两种说法在解释和批评密尔论自由时在很多重要问题上都分享着一个共同的观点。不过,关于对密尔论自由的一种传统看法,最近一些重要的陈述可见 H.J.McCloskey,*John Stuart Mill:A Critical Study*,London,Macmillan,1971;以及 Ted Honderich 的著作,尤其是 *Punishment:The Supposed Justifications*,London,Hutchinson,1969,p. 175 及以下,"The Worth of J. S. Mill on Liberty",*Political Studies*,December 1974,vol.XXII,no.4,pp.463-470;以及 Isaiah Berlin 的 "John Stuart Mill and the Ends of Life",in *Four Essays on Liberty*,Oxford University Press,1969,p.173 及以下。修正的观点指的是由阿兰·瑞安(Alan Ryan)和瑞斯(J.C.Rees)20 世纪 60 年代发起的那股重新解释密尔的潮流。瑞安的主要贡献见 Mr.McCloskey on Mill's Liberalism',*Philosophical Quarterly*,1964,vol.14,pp.253-260;"John Stuart Mill's Art of Living",*The Listener*,22 October 1965,vol.74,pp.620-622;*The Philosophy of John Stuart Mill*,London,Macmillan,1970;*John Stuart Mill*,London,Routledge & Kegan Paul,1974;"John Stuart Mill and the Open Society",*The Listener*,17 May 1973,pp.633-635.瑞斯的贡献见"A Re-reading of Mill on Liberty",*Political Studies*,1960,vol.8,pp.113-129,该文和一篇重要的附录(1965)一起重印于 P.Radcliff(ed.),*Limits of Liberty*,Belmont,California,1966,pp.87-107;"A Phase in the Development of Mill's Ideas on Liberty",*Political Studies*,1958,vol.6,pp.33-34;"Was Mill for Liberty?",*Political Studies*,1966,vol.14,pp.72-77;"The Reaction to Cowling on Mill",*Mill News Letter*,Spring 1966,vol.1,no.2,pp.2-11;"The Thesis of the 'Two Mills'",*Political Studies*,1977,vol.25,pp.368-382;*Mill and His Early Critics*,Leicester University College,1956.修正的解释中最著名的是布朗(D.G.Brown)、莱昂斯(David Lyons)和 C.L.Ten 的解释。见 D.G.Brown,"Mill on Liberty and Morality",*Philosophical Review*,1972,vol.81,pp.133-158.我也受益于布朗的论文"What is Mill's Principle of Utility?",*Canadian Journal of Philosophy*,1973,vol.3,pp.1-12;"Mill's Act-Utilitarianism",*Philosophical Quarterly*,1974,pp.67-68;"John Rawls:John Mill",*Dialogue*,1973,vol.XII,no.3;"Mill on Harm to Others' Interests",*Political Studies*,1978,vol.XXVI,pp.395-399.威廉姆斯(G.L.Williams,见下文)对布朗的"Mill on Harm to Others' Interests"作过简短回应,见 *Political Studies*,1980,vol.XXVIII,pp.295-296.C.L.Ten 对密尔论自由所作的最后陈述见他的大作 *Mill on Liberty*(前文 p.7 注释②引用过)。关于莱昂斯的贡献,见他的"Mill's Theory of Morality",*Nous*,1976,vol.10,pp.101-120;"Human Rights and the General Welfare",*Philosophy and Public Affairs*,1977,vol.6,pp.113-129.他最近的论文"Mill's Theory of Justice"(收录于 A.I.Goldman and J.Kim eds,*Values and Morals*,Dordrecht,D.Reidel,1978,pp.1-20)以及"Mill on Liberty and Harm to Others"(*Canadian Journal of Philosophy*,1979,Supplementary Volume V,pp.1-19)也是修正解释的重要来源。沃尔海姆(Richard Wollheim)的论文"John Stuart Mill and Isaiah Berlin:The Ends of Life and the Preliminaries of Morality"(收录于 Alan Ryan ed.,*The Idea of Freedom*,Oxford University Press,1979,pp.253-269)与他的 *The Sheep and the Ceremony:the Leslie Stephen Lecture*(Cambridge University Press,1979,pp.28-33)对于提出把密尔解释为一名间接功利主义者来说至关重要。也见 G.L.Williams:"Mill's Principle of Liberty",*Political Studies*,1976,vol.XXIV,pp.132-140,以及他为他编的 *J.S.Mill on Politics and Society*(London,Fontana,1976)写的"导言",pp.41-42,以

这本书的论证与密尔其他著作中所阐述的学说之间的许多联系。对于《论自由》,我们甚至可以用更加有力的方式来说一段密尔的修正解释者之一①曾经对《功利主义》所说过的话:

> 对密尔的传统解释当然是错的;事实上,鉴于它流传甚广,让人感到惊奇的是,那种解释的文本支持是何等之少。一个不偏不倚的读者只要仔细地研读了《功利主义》,他就不可能得出这种解释,而且这种解释之所以长期存在,主要是由于摩尔的巨大影响。

总体而言,我们现在可以发现,对密尔功利主义的传统解释大多数都是完全错误的。更具体而言,密尔的新近解释者有一个共同的立场,即唯有将《论自由》(1859)的论证放进《逻辑体系》(1843)所阐述的生活艺术(Art of Life)理论的背景之下,并将它与《功利主义》(写于 1854—1859 年,于 1861 年 10—12 月发表于 *Fraser's Magazine*)最后一章关于道德权利与正义的论述相联系,才能恰当地理解或批评它。

及他对布朗的回应(见前引)。

我还受益于 R. J. Halliday, "Some Recent Interpretations of J. S. Mill", in J. B. Schneewind (ed.), *Mill: A Collection of Critical Essays*, London, Macmillan, 1968, pp.354-378; Halliday, *John Stuart Mill*, London, Allen & Unwin, 1976; Rolf Sartorius, *Individual Conduct and Social Norms*, Encino and Belmont, California, Dickenson, 1975; J.P.Dryer, "Mill's Utilitarianism", in Mill's *Essays on Ethics, Religion, and Society*, ed. J. M. Robson, *Collected Works of John Stuart Mill*, vol. X, Toronto University Press, 1969, pp.lxii-cxiii; Richard B.Friedman, "A New Exploration of Mill's Essay on Liberty", *Political Studies*, 1966, vol.XIV, pp.281-304.

我从弗雷德·伯格(Fred Berger)已发表和未发表的关于密尔的论著中学到很多,他已发表的相关论著中最重要的一篇收录于本注释下文将要提到的 *Canadian Journal of Philosophy* supplementary volume; D.G.Long 的 *Bentham on Liberty*(University of Toronto Press, 1977)是一份研究功利主义思想的重要成果,这本书的附录中关于边沁与密尔论自由的部分(pp.115-118)尤其值得参考。

最近的修正解释中极有价值的文献是 *New Essays on John Stuart Mill and Utilitarianism*, ed. W.E.Cooper, Kai Nielson and S.C.Pattern, *Canadian Journal of Philosophy*, 1979, Supplementary Volume V, 其中 David Lyons, J.P.Dryer, David Copp, L.W.Sumner 和 Fred Berger 的论文尤其值得注意。

① L.W.Sumner, "The Good and the Right", *Canadian Journal of Philosophy*, 1979, Supplementary Volume V, pp.102-103.

传统的密尔批评者之间存在重大差异,忽视这些差异是错误的;同样,如果认为密尔的新近解释者在诠释密尔的道德与政治论著时在每一个重要问题上都是一致的,这也是错误的。不过,他们之间也有一个范围很广的共同立场,在这个共同立场中,对密尔的新近解释让我们去注意密尔论著之间一系列被人忽视的联系,而且这种新近解释集中关注密尔最重要的几本著作中有一定影响的那些区分,那些区分在最近几十年之前几乎完全被忽视了。清楚地阐明密尔的新近解释者之间的争议并试图解决其中的某些争议,这将是本书稍后的任务之一。在这里,有必要更为详细地指出他们的共同立场的轮廓。现在,人们承认,《论自由》的大多数论证依赖于正义、义务与正确行为等问题与价值问题之间的一系列区分,密尔在《论自由》以及其他著作中已经简要地提到过这些区分。要理解密尔的自由学说,就必须先理解《逻辑体系》中对生活艺术的论述,在那里,功利原则不是一条可以直接用来得出行为对错判断的道德原则,而是一条价值论(axiological)原则,它规定,唯有幸福具有内在的善性(intrinsic goodness)。尽管功利原则与行动或行为没有直接的关系,但是它为我们提供了赞成或反对所有实践生活领域中的行为或行动计划的理由,不过它本身不能得出关于行为对错的判断。另一方面,自由原则是一条评判道德性的原则(a principle of critical morality),它对规则与行为的正义性和正确性具有一些重要的(不过也是经常被误解的)蕴涵意义。这两条原则属于两种如此不同的逻辑类型,以至于它们之间的关系显然不能从外延相等或不相等的角度来描述,就是说,不能从它们运用于实践会有什么蕴涵意义的角度来描述它们之间的关系。那么,根据密尔对生活艺术的说明,功利原则与各种道德原则——比如他的自由原则——之间到底是什么关系呢?

详细地确定这种关系的确切特征,这是迄今为止在密尔自由学说的新近解释中最富争议的一个问题,我将在下一章详细讨论这个问题。不过大体而言,密尔的新近解释者之间有一个共同立场,即功利原则在密尔的道德与政治思想中不是一条关于正确行为的原则,而是一条关于评价的总体原则(a general principle of valuation)。根据密尔对它的理解,功利原则是一条价值论原则,它规定幸福而且唯有幸福具有内在的善性。作为一条价值论原则,一条规定什么东西因其自身之故便有价值的原则,功利原则与行为之间根本没有直接的关系。唯有在其他原则——比如密尔的有利原则(Principle of Expediency),稍后我将对此做更多论述——的帮助下,才能对功利原则与行为的关系进行评价。密尔从来没有明确地提出过有利原则,但是可以在他的著作中找到充足的证据来支持这条原则,这条原则是一条后果论原则,它规定,那个具有最佳后果的行为是最为有利的(maximally expedient),是应当采取的行为。密尔的功利原则和有利原则放在一起就可以得出一条原则,即那个能产生最大幸福的行为是应该采取的行为。现在,我们来到了对密尔论自由和功利的新近解释中的一个转折点。如果正如我所指出的那样,密尔既坚持他的功利原则又坚持一条后果论原则,那么他还要别的原则——比如自由原则——有什么用? 在这个问题上,以及在作为价值论原则的功利原则与密尔提出的指导行为的其他原则之间的关系这样一个一般性问题上,最近的密尔解释者之间并不存在共识。有的人基于文本的和逻辑的依据认为,密尔只有致力于某种形式的规则功利主义,他的道德理论才能容得下一些像他的自由原则一样的原则;而有的人主张,如果我们把一种更为精致的行为功利主义归于密尔,那么这样一些原则是可以被纳入密尔的学说的。我自己主张,密尔的立场无法用行为功利主义与规则功利主义这种现代区分来把握。对密尔的最好解释是认为,他坚持一种间接功利主义,根据这种理论,功利原则既不能直接运用于个人行为,也不能直接运用于社会规则,因为这种运用总体而言是——而且在很多情况下也必然是——自我挫败的。本书的目的之一不仅仅是要表明密尔的功利主义就是这样一种功利主义,而且还要表明,它包含了一种实践推理理论和道德理论,这种理论既有趣(如果做出一些重要的限定的话)又合理。

任何一种对密尔论自由的解释只要认为密尔的生活艺术理论具有至关重要的意义,都会承认,对密尔学说的传统批评中的许多要素都没击中目标。这是因为,首先,无论密尔的功利原则对行为究竟有什么影响,它都不是一条与他的自由原则同属一类的道德原则,它们之间不发生直接的冲突或竞争是有可能的。作为一条价值论原则,功利原则本身不能得出关于应该如何行动的判断,因此,认为除了功利原则以外密尔根本不需要任何原则、戒条或准则(那些持第一种批评的人就是这样认为的),这是完全错误的。出于我前面所提出的那些理由,任何一个功利主义者,即便是一个行为功利主义者,在任何情况下都需要一些不同于功利原则的准则。如果密尔的间接功利主义得到了接受,而功利原则的直接运用又被承认是自我挫败的,那么一个功利主义者就有理由根据一个次要准则(secondary maxim)行动,即便在一种吊诡式的(paradoxical)情况下,即当这样做似乎会减损可实现的幸福的时候。如果密尔的间接功利主义是可以接受的,那么次要准则——它们是一些不同于功利原则的戒条,而且其蕴涵意义也与直接计算后果这种做法有所不同——就不仅有助于功利主义的实践生活,而且实际上还是它不可或缺的。密尔在《逻辑体系》中阐述的生活艺术理论试图提供的恰恰是这样的次要原则,也就是一些可以指导行为的实践戒条。因为在《逻辑体系》中,密尔建议把整个实践生活分为几个板块或分支,他最一以贯之地采取的分类是把它分为道德(Morality)、明智(Prudence)、卓越(Excellence),有时候他又把卓越称为审美(Aesthetics)或高尚(Nobility),要用不同的准则来调节这三个领域的行为。其次,因为功利原则与自由原则在密尔那里是不同类型的原则,它们不可能像那些认为它们诉诸的是不同价值的人所认为的那样,以一种非常简单的方式相互冲突。而且,正如我将在第三章所指出的那样,从密尔的人性观和个性理论来看,他有合理的理由反对把自由与幸福过于极端地割裂。第三,所有对密尔的最近解释中关键的要素是,在密尔那里,尽管功利原则设定了一些角度,他的道德理论必须从这些角度来理解和辩护,但功利原则本身既不是一条汇总性的道德原则,也不是一条分配性的道德原则。这是密尔学说的一个特点,而那些认为分配性考虑因素和汇总性考虑因素不可通约,认为一种功利主义的正义理论和道德权利理论从概念上就不可能的人忽视了这个特点。各种不同版本的修正解释都认为,密尔构建一种正义理论——在这种理论中,对自由的道德权利具有优先性——的计划并不存在任何不融贯之处或疏忽大意之处。然而仍然可以表明他的理论失败了,不过,即便是失败了,也不是因为它从一开始就是构思不当的。生活艺术理论开启了这样一种可能,即当尊重他人权利涉及功利的减损时我们仍然尊重他人权利,我们可能并不是在错误地行动,即便我们是在不利地行动(act inexpediently)。因为区分应该如何行动问题上不同种类的判断——有利性判断、道德性判断、义务判断和正义性判断——恰恰是生活艺术理论的目的。尽管对于密尔在这些问题上的各种

14

不同论述可以有合理的意见分歧,但是毋庸置疑的是,他确实坚持这些区分,而且这些区分使他能够经受住对他学说的某些最为熟悉的批评。

3. 本书的论证

我这本书的部分任务在于,阐明过去50年出现的对密尔论自由与功利的著作的新的解释方式,结束这些新近解释之间的重大分歧,并解决迄今为止对密尔所作的修正解释中的一些困难。不过我还有更大的雄心,我希望表明,密尔的著作从功利主义的角度为关于自由权(the right to liberty)的自由主义原则提供了一种融贯的、强有力的辩护。唯有根据《功利主义》中对道德权利与正义的说明以及根据《逻辑体系》相关章节所解释的功利原则之本质来看待《论自由》的论证,我们才能对密尔关于自由权的功利主义理论得出一个清楚的看法。《功利主义》与《论自由》写于同一时段(1854—1859年),尽管它们是写给聪明的外行看的,而不是写给哲学家看的,但是它们把《逻辑体系》(1843年)中关于生活艺术的许多观点都视为理所当然的,而那本书是打算写给其他哲学家看的。我要提出的观点是,一旦密尔的这些著作被放在一起,并将它们各种贡献作为一个整体来看,我们就可以在密尔那里找到一种对自由主义原则的有力辩护,这种辩护有三个重要特征。第一,密尔的自由学说依赖于一种间接功利主义,这种功利主义内部可以容纳重要的次要原则,包括与正义和道德权利有关的道德原则。第二,密尔的自由学说利用了他的幸福观与个性理论;如果脱离了这种语境,它几乎是不可理解的。实际上,他对自由的辩护深深地植根于他对人的看法以及他对性格发展的论述,以至于他的批评者觉得,他所辩护的、存在于自由、自我发展和幸福三者之间的关系根据定义就是成立的。我将表明这是一个错误的观点,它依赖于一种密尔不会赞成的对必然性(necessity)的看法,即把必然性看作分析性(analyticity)或意义相等。确实,密尔的人性观在他对自由价值的辩护中有重要作用。密尔对人的论述旨在确定人类生活的特征,这些特征尽管可能是另外的样子(这是可以想象的),因而就此而言是偶然的,但与此同时,它们远非我们有能力改变的,以至于所有关于我们道德与政治

15

生活状况的合理反思都预设了它们。在密尔关于稳定的社会秩序之条件的论述中,以及在他关于对他人的伤害之标准的含蓄说明中,有一种对社会生活的不可改变的要求的看法,这种看法类似于哈特在他的"最低限度内容的自然法"命题中所提出的观点。① 第三,由于密尔的自由学说依赖于大量关于个性与个人发展的社会条件的心理学主张和历史主张,它可能会面临一种借助于经验而提出的批评,尽管它不可能轻易地被事实方面的一个改变所推翻。密尔的自由学说假定了自由、自我发展与幸福之间的联系,这些联系既非仅仅是因果上的联系,也非仅仅是概念上的联系。如果他的学说竟然是成功的,它就应该向我们表明,一种功利主义理论如何能建立在关于人类生活的偶然事实的基础之上,而又无须经常性地随着社会的变化而做出修正(恰恰是由于这一偶然的基础,这种修正是必要的)。

根据我的解释,密尔为对自由的道德权利所作的功利主义论证依赖于三条主张。第一条主张涉及直接诉诸功利的做法所具有的自我挫败的效果:正是由于人与社会的某些偶然特征(不过这些特征仍然是不可改变的),这些特征主要与人类幸福的独有特征以及社会合作的必要条件有关,密尔才建议采纳一条用来限制对幸福的直接追求——对于促进幸福而言,直接追求幸福只会适得其反——的原则。② 这是一个相对而言比较形式化的命题,因为它主张,一条限制对幸福的追求的原则可以从另外一些原则推出来的,那些原则要求我们在某些半经验性假定(quasi-empirical assumptions)——这些假定是关于试图直接促进幸福的做法所具有的吊诡性效果和自我挫败效果的——的帮助下去将幸福最大化,但是它迄今为止对于如此推出的原则的内容只字未提。比如说,如果这条原则赋予了人以道德权利,那么我们还不知道是哪些权利,比如说,是福利权还是不受干涉的权利,我们也不知道当这些权利相互冲突时如何衡量它们各自的重要性。第二条 16 主张是发展心理学中的一个历史主张:密尔声称,随着自主思考能力和自主行动能力的形成,人们开始从需要运用这些能力的活动中获得越来越多的

---

① H.L.A.Hart,*The Concept of Law*,Oxford University Press,1961,pp.189-195.

② 我在这里所使用的边界约束原则的概念借自 Nozick,*Anarchy*,*State and Utopia*(见前文 p.9 注释③),pp.28-35。诺齐克本人否认可以从功利主义的角度解释边界约束的道德重要性。见诺齐克的杰作 *Philosophical Explanations*,Oxford,Clarendon Press,1981,p.495。

满足。对这样的人来说,幸福或快乐不是任何消极的满足状态,相反,幸福或快乐只存在于活动当中,而且只存在于某些特定类型的活动中,在那些活动中,许多不同的计划得到实施,而且要对这些计划进行不断的修正和批评。在这第二条主张中,密尔的亚里士多德主义幸福观与他洪堡式的个性观有联系。第三条主张是,正是在一种自由主义的社会秩序中,人的能力一旦到达了能够让他走出野蛮状态的程度,这种能力就可以得到进一步的提升和发展,也正是在这种社会秩序中,可以发现并发展许多需要运用这些能力的幸福。这些主张或多或少都是经验性的主张,可以根据经验加以修正,但是一旦承认了它们,密尔为道德权利以及为他赋予自由权的那种优先性所作的功利主义辩护就没有任何疏忽大意之处或不融贯之处。

一旦承认了密尔的间接功利主义的融贯性,就有可能看到一种功利主义的道德为什么可以包含一些授予权利的重要原则。根据对最好后果的直接计算而行动具有自我挫败的效果,因此,一名功利主义者需要一些实践准则来阻止这样的行为(至少在某些情况下是这样,对此,我稍后将做出具体说明)。事实上,密尔之所以主张采用他的自由原则,正是由于它是一条阻止功利的准则,遵守它就可以达到提升功利的最好效果。受到自由原则保护的行动自由是作为一种道德权利而受保护的,其内容一方面是由正义理论(它本身就是正义理论的一个要素)来确定,另一方面又要参考密尔所主张的一种受到限定的伤害概念——他通过借助于一种关于人们至关重要利益(这些利益在于自主与安全)的理论来支持这种伤害概念——来确定。这种道德权利是一种可以撤销的权利,就像许多非功利主义正义理论所确立的道德权利一样,但并不是说,一旦对后果的计算似乎表明撤销它可以带来功利净值的增加,就可以撤销它;它构成了一些不能直接从功利的要求推出的义务之根据;而且,之所以要授予这种道德权利,也不仅仅是因为它在任何具体情况下都会带来利益。要想看到如何运用自由原则,以及看到密尔对它的运用是否一贯是功利主义的,我们需要把他的学说作为一个整体来看待。我们会发现,这个学说除了自由原则以外还包含了其他原则,比如公道原则,密尔从来没有使用过这个术语,也没有对它做详细说明,但是在《论自由》中密尔经常提到它,认为它规定了为了阻止多少伤害可以放弃多少自由。如果可以表明其他这些原则以及自由原则本身都可以从功利主义推出来并用功利主义来证成,如果生活艺术理论本身——密尔的正义理论及其自由学说仅仅是其中的一部分——也可以用功利主义来辩护,那么密尔的自由学说作为一个整体就仍然具有功利主义特征。

在我的论证过程中,我将涵盖密尔研究与批评中许多经常讨论的领域。总体而言,我的考查得出的结论是,密尔很少犯经常被归于他身上的那些简单错误。他对道德知识的论述根本没有陷入严重的自然主义谬误(naturalistic fallacy),他对功利原则的著名"证明"也没有犯合成谬误(fallacy of composition)。密尔的哲学心理学也远比大多数善于思考的历史学家和批评者所认为的精致而复杂,将任何一种心理利己主义学说归于密尔都是错误的。高级快乐与低级快乐之间被滥用的区分将被看作各种形式的活动与生活之间的区分,如果在《论自由》所勾勒的个性理论的背景下来表述这种区分,它就能够保留功利原则所具有的关注欲求(want-regarding)的特征。在所有这些熟悉的领域,密尔都没有犯经常被归于他身上的那些愚蠢错误。

我的主要目的不在于让密尔摆脱他的道德哲学及其一般的哲学(general philosophy)的许多方面所面临的谬误或晦涩的指责,而在于辨识出我所谓的密尔自由学说的主要信条并加以捍卫。根据我的界定,密尔的自由学说独立于他的很多一般的哲学主张,即便一个不能接受密尔自由主义更广泛的承诺的人也可以接受他的自由学说。自由学说包括了《论自由》中提出并捍卫的各种原则,也包括了《论自由》以及密尔其他著作中提出来支持那些原则的论证的模式。在解释密尔时,一项重要的任务是要弄清楚,《论自由》中所捍卫的究竟是一些什么原则,在支持这些原则的论证中,哪些论证在密尔本人看来是关键性的。辨识出作为自由学说之组成部分的论证和原则,我们就可以看到,该学说并没有谈到国家行动的恰当界限,也没有承诺任何自由放任主义原则。密尔的自由学说比古典自由主义和当代自由主义所包含的自由学说都要更为狭窄。它与社会民主主义和社会主义的某些变化形式是相容的,也与某些关于国家最低限度功能的学说是相容的。在为它辩护时,应该把对它的辩护与对自由主义——无论是密尔的自由主义还是我们自己的自由主义——更广泛的承诺的辩护相分离。

在批评的层面上,我的目的在于捍卫自由学说,并主张,尽管有时它并

18

没有实现密尔对它提出的所有要求，但它并不是一个荒谬的或不融贯的学说，而且通常被认为最有说服力的那些传统批评对它来说，也并不能构成真正有效的批评。我将承认，尽管我们不能合理地主张，经验对支持着自由学说的那些心理主张和历史主张构成了决定性的不利证据，但我们仍然可以说，那种学说在人性科学中缺乏密尔所希望的那种可靠依据。对我们来说，对自由的承诺不可避免具有打赌性质，对密尔来说确实也是如此。因为我们几乎和密尔一样，很难把我们关于人类生活的常识建立在科学的基础之上。我还要承认，即便把密尔所捍卫的自由原则放进整个自由学说的语境当中，它也不能为解决自由之干预问题提供一条明确的标准。密尔的论证的一个重大失误在于，它忽视了道德生活与政治生活中的价值冲突问题，也没有看到，在解决这样的两难困境时，诉诸原则或理论的做法作用是有限的。同时，即便密尔的学说不能机械地解决所有涉及自由之干预的问题，但它确实提供了一系列的考虑因素，我们可以根据这些考虑因素来讨论这样的问题。更直接地说，它把大量考虑因素排除在讨论之外，那些考虑因素由于被认为与它有密切关系而仍然被广泛地借助。通过提出一些与自由在我们生活中的地位有关的主张——这些主张尽管迄今为止仍然必须建立在一种人性科学之上，却是合理的、站得住脚的——它支持这种排除。密尔所提出并在这本书中加以捍卫的那种自由学说在今天就像在它出版的时候一样，依旧是可以争辩且富有争议的。

第二章　密尔的功利主义

1. 生活艺术与作为价值论原则的功利原则

密尔生活艺术理论的出发点是他关于科学法则(scientific laws)与实践命令(practical injunctions)之间的区分。在《逻辑体系》中,密尔提到,艺术或实践的逻辑是以祈使语气来表达的,而科学的逻辑是以陈述式语气来表达的。实践的逻辑以行为的目的或目的论(teleology)作为其主题,并试图将这些目的分门别类,进而解决它们之间的冲突。在这一简短描述中,有几点需要澄清和强调。首先,尽管密尔竭力坚持艺术与科学之区分的重要性,但他仍然不遗余力地强调,实践戒条建立在恰当的科学之定理的基础之上,或者由它们所支持。艺术或实践的戒条不可能由任何科学定理来证成,但它们总是预设了一些科学定理。每一种实践艺术——密尔举的例子是建筑学和医学①——"都有一个第一原则或大前提,它不是借自于科学;它阐明了旨在达成的目标,并肯定它是一个值得追求的目标。"②密尔接下来又断言,实践艺术的各种原则或前提③。

与可以从它们推出的主要结论一起构成了(或者更准确地说,可以构成)一套学说,准确地说,它就是生活艺术,它包括三部分,即道德(Morality)、明智(Prudence)或策略(Policy)、审美(Aesthetics);它们分别对

①　J.S.Mill, *A System of Logic*, bk VI, ch XII, section 6.

②　Ibid.

③　Ibid.

应于人的行为或作品中的正确（the Right）、有利（the Expedient）、美（the
20 Beautiful）或高尚（the Noble）。其他所有的艺术都从属于这门艺术（不幸
的是，这门艺术在很大程度上仍然有待创造出来）；这是因为它的原则决
定着其他任何具体艺术的特殊目标是否值得追求或是否可欲，也决定着
它在众多可欲之物中的地位。因此，任何每一门艺术都是科学所揭示的
诸多自然法则的共同结果，也是所谓目的论或目的学说的一些一般性原
则的共同结果；我们也可以称这种一般性原则为实践推理的原则。

与一种直觉主义学说——即在任何情况下，正确的行为在某种程度上
都是我们直接可见的——相反，密尔希望表明，需要一种第一原则来解决生
活艺术不同分支的诚条之间的冲突。这种第一原则为我们提供了艺术或实
践所特有的第一哲学（Philosophia Prima），它不是别的，正是功利原则：因
为，密尔在《逻辑体系》中说道："促进幸福是目的论的最终原则。"功利是如
何影响生活艺术，并得出道德领域和其他领域的实践戒条的呢？

要说明密尔对功利原则的特征与用法的理解，就必须首先承认，密尔对
功利原则做了多次陈述。布朗（D.G.Brown）提到"（功利原则的）十五种可
能的表述，密尔似乎认为它们是相等的"，他承认，他最后辨识出那种最接
近于密尔意图的表述并非没有困难。① 然而，密尔对该原则的最重要的几
次表述有一个共同特征，即功利原则是一条用来评价生活所有方面的原则，
也是用来检验所有行为的标准。这样，在《功利主义》第二章，密尔将功利
主义界定如下：②

把功利原则或最大幸福原则作为道德之基础的学说主张，行为越是
倾向于促进幸福就越是正确，越是倾向于导致幸福的反面就越是错误。
所谓幸福，是指快乐或痛苦的不存在；所谓不幸福，是指痛苦或快乐的缺

---

① 对此，参见 D.G.Brown，"What is Mill's Principle of Utility?"，*Canadian Journal of Phi-
losophy*，1973，vol.3，pp.1–12。

② J.S. Mill，*Utilitarianism*，*On Liberty and Considerations on Representative Government*，
London，Everyman，1972，p.6.（中译参阅约翰·穆勒：《功利主义》，徐大建译，上海人民出版社
2008 年版，第 7 页。——译注）

乏。要清楚地说明这种理论所建立的道德标准,光说这一点还远远不够。尤其是,还需要说明,它把哪些东西包括进痛苦与快乐的观念当中,以及它在多大程度上把这个问题作为一个开放问题。不过,所补充的这些问题并不影响作为这种道德理论之基础的生活理论,即快乐和免除痛苦是唯一作为目的而可欲之物,所有可欲之物(它们在功利主义中就像 21 在其他任何理论中一样为数众多)之所以可欲,要么是因为内在于它们之中的快乐,要么是因为它们是促进快乐或阻止痛苦的手段。

这并不是一段完全明白易懂的话。它首先以一种一般化的方式将功利原则与行为的对错相联系。然而它接下来却开始区分"这种理论所建立的道德标准"与"作为这种道德理论之基础的生活理论"。根据这种生活理论,唯有快乐与痛苦的不存在才是作为目的而可欲的。在同一章稍后部分,密尔又告诉我们:①

> 根据上面所解释的那种最大幸福原则,最终目的就是这样一种生活,即尽可能远地逃离痛苦……尽可能多地享受快乐,其他所有东西之所以可欲(无论考虑的是我们自己的善还是其他人的善),都是因为与这个目的有关,并且为了这个目的。……在功利主义者看来,这是人类行为的目的,也必然是道德的标准;因此,道德的标准可以被界定为这样一些人类行为的规则与诫条:只要遵守它们,所有人都有最大可能过上以上所描述的那种生活。

在试图证明功利原则的那一章,密尔再一次简洁明了地说:"功利主义的教义就是,幸福是作为一种目的而可欲的,而且是唯一作为一种目的而可欲之物。"②我认为,完全可以从这些表述与其他类似表述推出,密尔所理解

---

① J. S. Mill, *Utilitarianism*, *On Liberty and Considerations on Representative Government*, London, Everyman, 1972, p.11.(中译参阅约翰·穆勒:《功利主义》,第 12 页。——译注)

② J. S. Mill, *Utilitarianism*, *On Liberty and Considerations on Representative Government*, London, Everyman, 1972, p.32.(中译参阅约翰·穆勒:《功利主义》,徐大建译,上海人民出版社 2008 年版,第 35 页。——译注)

的功利原则规定,唯有幸福是作为目的而可欲的,这里,密尔所谓的幸福就是指快乐与痛苦的不存在。在密尔那里,这条原则涉及所有的实践领域,而不仅仅是道德实践;事实上,除了评价人类实践和行为以外,它也是一条用来评价其他事物的原则。由于道德评价只是行为评价中的一种,道德只是实践或艺术领域之一,我们不能以为功利原则在密尔道德理论中只是一条道德原则。因为功利原则在密尔那里是一条评价所有行为的原则,而且它规定了什么东西具有内在价值,但本身没有命令我们去做任何特定的行为,这样,传统的密尔批评者如果认为功利原则必定向行为者施加了一条功利最大化的道德义务,那就错了。就是说,如果功利原则直接出现在道德思考的批判层面,但总体而言并不出现在道德思考的实践层面,那么它本身就不能施加义务或得出关于正确行为的判断。

　　然而,有几个问题需要回答,只有回答了它们,我们才能确信我们在这个修正观点中已经找到一种对密尔道德理论的解释,这种解释可以得出一个融贯的、站得住脚的观点。根据这里所理解的功利原则,它究竟向行为提出了哪些要求?如果功利原则确实不同于任何实践原则,那么某种道德原则——比如自由原则——如何能够从它推出来,甚至得到它的支持?关于这些问题,密尔的论述并不是非常清楚。我已经指出,他在一段话中说:"把功利原则或最大幸福原则作为道德之基础的学说主张,行为越是倾向于促进幸福就越是正确,越是倾向于导致幸福的反面就越是错误。"后来他又澄清说,作为这种"道德理论"之基础的"生活理论"规定,"快乐和免除痛苦是唯一作为目的而可欲之物"。① 在这些有点含糊的陈述中,密尔似乎在承认功利原则在特征上主要是一条价值论原则,而与此同时他似乎又坚持认为,关于行为的结论在某种意义上产生于它。这两条主张被密尔结合在一起,这已经引发了大量的解释性文献,这些文献试图研究密尔功利主义的结构问题。根据修正的解释,首先,下面一点应该是清楚的:无论功利原则是何种原则,根据密尔对功利原则的解释,它不可能仅仅涉及行为。作为一条规定世界上什么东西有价值的原则,它将作为一条评价事态的标准,即便

---

　　① J. S. Mill, *Utilitarianism*, *On Liberty and Considerations on Representative Government*, London, Everyman, 1972, p.6.

我们无法做出任何行为来影响这些事态。（根据这条原则，我们可以把一头孤独的野生动物慢慢地死于痛苦的疾病这一事态判定为一个不好的事态，尽管这一事态并不是由任何人的行为造成的，也没有任何人的行为可以改变它。）因此，功利原则不仅仅适用于行为，而且，由于它还适用于别的生活领域，所以它不可能仅仅是一条道德原则。但是，功利原则在某种意义上是一条道德原则吗？它可以适用于行为吗？修正的解释有一个常见的做法，即辨识出一条与功利原则不同的原则，它确实把行为作为其主题。这便是经常被密尔以有利性（expediency）之名援引却没有在任何地方给它命名的那条原则，我将遵循几个最近的解释者称之为有利原则（Principle of Expediency）。根据这条原则，一种行为如果最终带来的是功利净值（net utility benefit），就是有利的；如果它所带来的功利和可以选择的其他任何行为一样多，它就是最为有利的。密尔借助这条原则来区分关于行为的正确性或道德性的判断与行为的有利性问题或是否能促进功利的问题：在密尔看来，当一个人以不利的方式（inexpediently）行动时，他未必是在错误地行动。一个行动的有利性与其正确性是何关系呢？我稍后将处理这个问题。但有利原则与功利原则是何关系呢？功利原则是否必然蕴涵了有利原则？或者这两条原则是完全彼此独立的吗？对这个问题的回答对于密尔功利主义伦理学的结构有什么影响？

如果有利原则必然源自功利原则又如何？如果是这样，作为一条价值论原则的功利原则与作为一条实践原则（即指导行为的原则）的自由原则之间就不再有断然的区分了。因为，尽管功利原则与有利原则并不相等，但是有利原则确实体现了一种能将功利最大化的方法。在这种情况下，赞成功利原则似乎就意味着要采取一种功利最大化的策略，功利与自由之间古老的竞争重新表现为有利性与自由之间的斗争。因此，如果自由与幸福之间的冲突要想在密尔学说的框架中得以解决，那么任何一条可以从功利主义角度来捍卫的、与限制自由有关的原则就必须是功利原则本身的运用。我们在这里所面临的不是别的，正是对密尔《论自由》中的事业的传统反驳，这种反驳得到了宏德里奇（Honderich）的有力重申。谈到他所谓的"那条功利主义干预原则"时，宏德里奇评论道："几乎找不到理由来支持它。我的意思是说，它根本不是对我们在这些反思中所持有的观念的一种改进。

我们所面对的显然是运用于干预问题上的功利原则。"①这样,对宏德里奇来说,自由原则必定要么最终无法与功利原则相区分,要么无法用功利原则来辩护。我们如何来解决这些困难呢?

我想提出两条评论。首先,功利原则与有利原则像我到此为止所假定的那样,具有密切的关联,这一点根本不是自明的。它们显然是不同的原则,至少,任何一个接受了这条价值论原则的人并不是显而易见地因此就要致力于最大限度地实现某种东西,只要该原则告诉他那种东西因其自身之24故而具有价值。比如,他可能会认为这样一条价值论原则划定了可以允许的行为之边界,禁止他去做会减少现有功利之数量的行为,但是并没有命令他去增加功利的数量,更别说要他去将功利最大化了。在任何情况下,内在价值概念都是如此晦涩,以至于没有谁可以信心十足地从仅仅说明内在价值存在于何处的价值论原则推出实践准则。对于如何看待规定什么东西具有内在价值的原则与具有很强的指导行为的力量的原则之间的关系,似乎有两种相互对立的观点。一种观点来自普理查德(Prichard),他利用了拉希达尔(Rashdall)对这个问题的讨论,并说道:②

> 我们来考虑一下一般意义上那种功利主义,在这种理论看来,好东西不仅限于快乐。它依赖于本身不是行为但可以由行为产生的东西与产生这种东西的行为之间的区分,而且它主张,如果某种不是行为的东西是好的,那么我们就应当采取那种可以直接或间接产生这种东西的行为。
>
> 但是,这个论证如果想把一种行为变成义务,它就必须以一个中间环节为前提,也就是说,要预设另外一个命题,即好的事态是应当实现的。这一环节的必要性是显而易见的。如果真想推出"应当"的话,一个"应当"也只能从另一个"应当"推出来。而且,这一环节还以一种隐含的方式预设了另一个环节,即意识到某种不是行为的好东西应当实

----

① Ted Honderich,"The Worth of J.S.Mill on Liberty",*Political Studies*,December 1974,vol. XXII,no.4,p.467.

② 参阅 H.A.Prichard,"Does Moral Philosophy Rest on a Mistake?",in Samuel Gorovitz (ed.),*Mill:Utilitarianism*,Indianapolis,Bobbs-Merrill,1971,p.63.

现,就必然会感觉到一种义不容辞或义务,而这种感觉之所以产生,是因为想到了可以产生那种好东西的行为。否则,这个论证就不会让我们觉得我们有义务用行动去产生那种好东西。

根据普理查德的观点,从某种东西具有内在价值这一主张根本无法得出我们应该如何行动,即便声称某种东西且只有那种东西具有内在价值,也是如此。另一方面,对功利主义传统中的某些学者来说,关于内在价值的主张必定蕴涵关于行动理由的主张,因为,所谓某种东西具有内在价值这种说法,如果不是意指(其他条件相同的情况下)我们有理由去促成它,那还能有什么别的意思? 关于内在价值的陈述与关于行为的陈述之间的关系问题上的这两种观点反映在最近对密尔做修正解释的文献当中。莱昂斯(Lyons)似乎愿意赞成一个与普理查德观点相类似的观点,他断言,功利原则作为一条关于最终目的或内在价值的原则,根本没有对行为——无论是理性的行为还是道德的行为——提出任何要求。①

德莱尔在解释密尔时采用了一个不同的观点:②

> 他主张,正是因为幸福是唯一因自身之故而可欲之物,对一般行为的评价标准才是对幸福的促进与否。他采取这种做法时所使用的原则是,如果有一种东西是因其自身之故而可欲的,那么对这种东西的促进与否就可以作为评价所有人类行为的标准……密尔认为理所当然的是,当且仅当一件事的后果比任何替代性选择的后果更为可欲时,这件事就是应该去做的。

德莱尔对密尔观点的陈述似乎是合理的。它表明,密尔的功利主义包含了两条不同的原则,严格意义上的功利原则与有利原则。前者被看作一条价值论原则,它规定唯有幸福具有内在价值;后者被理解为一条后果论原则,它规定,我们总是应该去促成具有内在价值之物的最大数量。而且,德

25

---

① 参阅 David Lyons,"Mill's Theory of Morality",*Nous*,1976,vol.10,pp.101-120。
② J.P.Dryer,"Mill's Utilitarianism",in Mill's *Essays on Ethics,Religion and Society*,ed.J.M.Robson,*Collected Works of John Stuart Mill*,vol.X,Toronto University Press,1969,p.lxiv.

莱尔的陈述还表明，尽管它们是不同的原则，但密尔本人总是认为，价值论的考虑最终理所当然地可以转化为实践理由。这样，宏德里奇的质疑必定得到了正面的回应。因为，即便价值论原则与后果论原则在密尔那里没有蕴涵关系，他同时坚持这两种原则这一点也是毫无疑问的。在这一点上，他与他的古典功利主义先辈们没有什么不同，他们全都将关于如何行动的后果论学说与一种关于什么东西有价值的快乐主义或福利主义观点结合在一起。正如当我考虑密尔的高级快乐和低级快乐理论时我将试图表明的一样，他并没有（正如有时候所认为的那样）放弃快乐主义或福利主义，而去支持一种较早版本的理想功利主义，一种与摩尔所捍卫的功利主义相类似的功利主义。相反，通过把功利主义对实践推理的解释与一种独特的道德理论相联系，并提出一种更为复杂也更为合理的幸福观，密尔丰富了功利主义传统。现在需要表明的是，密尔的生活艺术学说是对他所赞成的行动理论的一种合理的发展，更具体而言，就是要表明密尔的下述想法是正确的：一种对自由最大限度的宽容的道德理论也将产生最大限度的幸福。

那么，密尔的论证是如何进行的呢？在《功利主义》——它对《论自由》的重要意义长期被忽视——最后一章，密尔把道德说成是功利的一个分支，又把正义说成是道德的一个分支。在阐明这种说法时，密尔声称，价值（value）问题必须与正确和错误问题区分开，而正确和错误问题又必须与正义不正义问题区分开。他的意思是说，我们不能总是说如果一个人没有做他应当做的事，他就做错了；而且，即便一个人做的事是错的，这件事也未必就是不正义的。他说道：①

> 当我们说一件事是错的时，我们的意思就是说，一个人应当因为做了这件事而受到这样或那样的惩罚；即便不受法律的惩罚，也要受到其同胞舆论的惩罚。这一点似乎是道德与单纯的有利性之间的区分真正的关键之处。无论是何种形式的义务，义务概念总是意味着，我们可以正当地强迫一个人去履行义务。义务是一件我们可以强行要求他人去

---

① J.S.Mill, *Utilitarianism, On Liberty and Considerations on Representative Government*, p.45.（中译参阅约翰·穆勒：《功利主义》，第49—50页。——译注）

做的事,就像一个人强行要求他人还债一样。除非我们认为可以强行
要求一个人去做一件事,否则我们就不称之为他的义务。出于明智的
考虑,或者出于他人利益的考虑,我们可能实际上不会强行要求他去做
这件事。不过那个人自己显然没有资格抱怨。另一方面,还有其他一
些事情是我们希望他人去做的,如果他们做了,我们会喜欢或称赞他
们,如果他们不做,我们也许会不喜欢或鄙视他们,但是我们仍然要承
认,他们并非必须要做这些事。这里并不涉及道德义务;我们并不谴责
他们,就是说,我们并不认为他们应该受到惩罚。

在这段话之前的部分,密尔强调了道德义务与可强制实施
(enforceability)之间在概念上的联系。在那里,密尔评论说,到此为止还没
有找到正义观念与一般意义上的道德义务观念之间的区分。他声称,当讨
论正义问题时,我们不仅谈到正确与错误的行为,也谈到正确与错误(rights
and wrongs)——这是一个不同的问题。密尔的理论固然有缺陷,但是这些
缺陷并不影响他的主要论点。比如,我们并不清楚密尔想把分外行为——
即那些尽管值得称赞,但从道德上讲并不是必须做的行为——归入哪一类
行为当中。他是想通过解释道德的种类从而让它把道德上值得称赞的行为
也包括在内呢? 还是想把这样的行为归入卓越当中去? 密尔想要辨识出道
德上必须去做的(obligatory)行为和道德上正确的行为吗? 我并不打算回
答这些问题,因为它们与我的主要观点无关,而且密尔的著作在任何情况下
都不允许我们对它们给出明确的回答。一个更重要的问题涉及功利原则本
身的地位。我已经指出,如果把功利原则与有利原则结合起来,功利原则确
实能够告诉我们应当做什么。而且,功利原则在生活艺术的所有分支都适   27
用这一事实严格说来并不是表明功利原则不是一条道德原则,而只是表明
它不可能仅仅是一条道德原则。最后,密尔本人也承认,在一些极端情况
下,当不同分支的准则相互冲突时,唯有功利原则才能解决问题;因此,密尔
承认,功利原则和有利原则至少在这样的情况下都可以作为实践原则发挥
作用。我认为这些反对意见中没有任何一条表明了功利原则在密尔的论证
中必须被当作一条道德原则。在某些情况下,可以借助功利原则来解决实
践冲突,这一事实本身并不表明它是一条道德原则,正如它适用于道德领域

这一事实也并不表明它就是一条道德原则一样。最重要的是,功利原则和有利原则放在一起可以作为一条法则来得出一个判断——即与其他任何行为所产生的幸福是一样多的那种行为是应该采取的行为——这一事实并不表明功利原则和有利原则一起创设了一条道德原则。因为迄今为止的论述中还没有任何东西告诉我们密尔关于道德上的正确行为的标准,我稍后将表明,密尔当然没有把这样的行为等同为最有利的行为。实际上,在密尔自己的道德观中,道德必然与可惩罚性(punishability)相联系,而且功利原则不可能是一条道德原则。鉴于这些考虑,我的结论是,根据密尔对功利原则的看法,功利原则支配着生活艺术的所有领域,而不仅仅是道德领域,而且从来也没有获得过道德原则的特征。

到此为止,我们可以对密尔的道德理论和实践推理理论进行总结:尽管他承认功利是评价所有行为的最高标准,但是他断言,功利问题与道德问题必须区分开。因为功利原则本身并没有向行为施加道德要求,所以下述想法是不对的:一个人如果未能将功利最大化就必定做错了。密尔用来支持功利与道德之区分的论证有几个层次。在一定程度上,该论证是从分析主要道德概念入手的,这种分析既不预设功利主义,也不预设其他任何实质性道德理论。在《功利主义》中,他还更加肯定地主张,只有当对一种行为的制裁可以从功利主义的角度得到证成时,才能表明这种行为是错误的。由于任何法律约束与社会约束都可以被认为包含了一定的负功利,归根结底,始终有一条功利主义的理由来反对约束。鉴于道德义务与强制实施(enforcement)之间的联系,密尔可能会对未能将功利最大化的行为感到遗憾和痛惜,同时又不把它们作为道德上的错误来谴责。在这一点上,他的道德理论类似于休谟对人为美德的解释,因为它包含了保护一个道德上中性的领域(an area of moral indifference)这种做法的功利主义理由。密尔对道德权利以及正义的义务(obligations of justice)的说明已经承认了直接诉诸功利甚至可能是自我挫败的。他在《功利主义》最后一章的讨论仿效了休谟,并预见了后来的一些学者,①因为他指出,对最好后果的关注可能会要求我们

①　我心里想到的是 D.H.Hodgson, *Consequences of Utilitarianism*, Oxford, Clarendon Press, 1967;还有 G.J.Warnock,他提出了一种稍微不同的观点,即许多或大多数(也许是所有的)功利主义都是自我挫败的,见 *The Object of Morality*, London, Methuen, 1971, pp.31-34。

支持一些法律制度与道德实践来约束其直接表达。我稍后将回到这个观点上来。

那么如何确定道德义务的领域呢？首先，可以通过把有利原则运用于强制实施与可惩罚性问题来确定。在密尔看来，一种行为是最有利的这一事实不足以表明做这件事是道德上正确的或必需的：还必须有另外一个事实，即对不采取这种行为的人实施惩罚是最有利的。因此，单凭有利原则，我们并不知道密尔的正确行为标准是什么，为此，我们还必须将有利原则与密尔的下述道德观相结合，即道德首先或主要与强制实施和惩罚有关。值得注意的是，对于密尔的道德理论究竟是"行为"功利主义还是"规则"功利主义，修正解释者们在这里的观点并不一致。在一定程度上，这种争议是在如何评价生活艺术理论这个问题上的分歧。密尔主要把它当作一种解释练习（elucidatory exercise）和一种概念分析呢？还是说，它是关于"道德"一词应该如何使用这个问题上的一种修正建议？要想回答这些问题，就必须先恰当地评价密尔在有利性与道德之间所作的区分对他的功利主义的结构有什么影响。

2. 行为、规则与生活艺术

在阐述对密尔论自由、功利与道德的修正解释之初，我就提到了他的有利原则，密尔没在任何地方这样叫它，但他把它看作理所当然的，而且在他更为详细的讨论中，他经常援引这条原则。无论如何，我们可以暂时把有利原则陈述如下：有利原则要求，如果一个行为至少能和其他替代性行为产生同样多的功利，它就是我们应当采取的行为。我认为，不可否认的是，无论密尔是否完全区分了这条原则与他的功利原则，他都信奉着这条原则，并认为在生活的所有领域，它都为应当如何行动的问题提供了一条标准。功利原则是一条评价所有事态的原则，无论人类行为是否可以影响那些事态；与功利原则不同，有利原则是一条关于行动的原则。然而，这样一来，有利原则似乎会破坏我关于生活艺术的某些核心主张。因为它似乎把一种最大化要素引入了对功利的追求之中，而这种要素使得密尔在间接追求功利的

29

做法之可欲性和道德规则在这方面的重要性等问题上想说的很多话都归于无效了。那么,密尔如何才能避免陷入对功利主义所作的传统二分法当中的这种或那种立场呢? 根据这种二分法,功利主义可以分为最大化的行为功利主义和规则功利主义。根据前者,一种至少能和其他替代性行为产生同样多功利的行为是正确的;根据后者,一种行为的正确性要参照一条能促进功利的规则来评价。

这里有几点需要指出。首先,有利原则——正如我所陈述的那样,而且我也相信密尔会接受它——根本没有提到行为的正确性。它规定把一个包罗更为广泛的范畴即"应当做什么"作为自己的主题。它根本没有提到正确性,更不要说道德上的正确与错误了。事实上,我已经暗示过,密尔的正确行为标准完全不同于有利原则,即便有利原则也属于可以得出正确行为标准的原则之列。其次,我们不要忽视了下述观点所存在的困难与不合理之处:有利原则本身就是正确行为标准的全部或一部分(还要与功利原则相结合)。我们很少知道(如果真的能知道的话)什么行为能带来最大功利,即便我们有时候确实能碰巧发现这样的行为,这也纯属偶然。这一点对我们来说是显而易见的,对密尔来说也是显而易见的。这样,据我们所知,如果有利原则就是正确行为的标准,那么我们永远也无法做出根据这条标准来了解有关正确行为。把这样一种对有利原则的理解归于密尔,这是极其不合理的,因为密尔强烈地坚持我们对知识的看法是有局限且可错的。

这样,我们又回到了我在本章上一节末尾所提出的那种表述。单凭一种行为具有最大的有利性(maximal expediency),不足以表明它是道德上正确的;要想表明这一点,还要加上一条,即对没有采取这种行为的人进行惩罚也是最有利的。然而,在这一点上,有人可能会反对说,这就把密尔变成了一个规则功利主义者:因为,惩罚不正是一个规则问题吗? 惩罚不就是因违背规则而施加的制裁吗? 许多解释者①提到了密尔对行为趋势的讨论,并把它作为决定性的证据,从而把密尔的道德理论解释为一种规则功利主义。似乎合理的是,如果我们可以谈论一类行为的趋势,而不是谈论个别的

30

---

① 我主要是指 J.O.Urmson 的"The Interpretation of the Moral Philosophy of J.S Mill",*Philosophical Quarterly*,1954,pp.33-39。

行为,而且,如果密尔的正确行为标准要求我们参照行为的趋势,那么把密尔的道德理论解释为一种规则功利主义似乎就是正确的。

不过,由于种种原因,这是一条很弱的论证。当密尔谈到惩罚时,他不仅意指由外在于被惩罚者的机构(通过法律或公共舆论)所施加的某种惩罚,而且他还提到了内在的良心谴责(这一点至关重要)。密尔对惩罚的解释所具有的这一特征和其他特征表明,他的正确行为标准预设了一整套道德规范(a whole moral code),这套规范有其相伴的情感与态度,而不仅仅是一系列道德规则(a set of moral rules)。一种行为并不仅仅因为是最为有利的就是正确的,或者,即便一种行为最为有利,而且建立一条要求采取这种行为的道德规则或法律规则的做法也最为有利,这种行为也并不因此就是正确的。相反,一种行为之所以是正确的,仅仅因为它是最为有利的,而且用全部的道德惯例与情感去惩罚没有做出这种行为的人的做法也是最为有利的。

如果你以为由于密尔使用了趋势的说法,我们就必须把密尔的理论解释为规则功利主义,那你就错了。老密尔、边沁和约翰·奥斯丁(John Austin)都使用过这种说法,事实上,这种说法在 19 世纪说英语的功利主义者对这些问题的讨论中是非常典型的。据我所知,它所意指的无非是行为的因果力量或属性,它们可能是多种多样的,我们或许可以或许不可以用因果法则来陈述它们。密尔的艺术戒条(precepts of art),他的中间原理(axiomata media)或次要准则,都建立在行为的趋势上,因为它们利用了关于这些趋势的因果主张,但是密尔的道德理论并没有假定,一个行为仅仅由于属于一条艺术戒条所要求的那种行为之列便是我们应该采取的行为。在一封被最近的几个密尔解释者引用的信中,①密尔本人毫不含糊地指出,根据行为的趋势而对行为进行的分类对他来说只是表达艺术戒条时的一个不可或缺的有用工具,而不是得出关于正确行为的判断的直接手段。密尔说到了行为的趋势,这并不表明他是一个规则功利主义者,甚至也不表明他不是一个行为功利主义者。

如果我们可以弄清楚密尔的错误行为标准,那么他到底是一个行为功

---

① 对此,见 Brown,前引。

利主义者还是一个规则功利主义者的问题以及其他某些问题就迎刃而解了。这里,我们应该再次回到之前引用过的密尔那段明确的声明:①

31　　　　当我们说一件事是错的时,我们的意思就是说,一个人应当因为做了这件事而受到这样或那样的惩罚;即便不受法律的惩罚,也要受到其同胞舆论的惩罚。这一点似乎是道德与单纯的有利性之间的区分真正的关键之处。

　　这段引文至少以正式的说法得出了密尔错误行为之标准的框架。首先,它证实了密尔不可能是一个行为功利主义者。因为根据行为功利主义,一个行为是错的,其充分必要条件是,有一个更好的替代性行为。因此,根据行为功利主义的这种观点,那个具有最好后果的行为是正确的。密尔不可能是一个行为功利主义者,因为在他的观点中,一个行为并没有最好的后果这一事实对它的错误性来说既非必要条件,也非充分条件;它的错误性的必要而充分的条件是,惩罚它具有最好的后果。这样,对密尔来说,正确的行为就是最有利的行为的一个子集,但是一种错误的行为也可能是最为有利的。(这是因为,对于有的事情,即便让它们成为公众舆论惩罚或普遍反对的对象是最为有利的,做这些事也可能是最为有利的。)因此,密尔的关键区分是最有利的行为与道德所要求的行为之间的区分。但是,如果我们像密尔所希望的那样认真对待这种区分,我们就会发现,密尔也不是一个规则功利主义者。因为,对一个规则功利主义者来说,一个行为的错误性的必要而充分的条件是,它违背了一条规则,而这条规则如果得到普遍遵守的话,将产生最好的后果;但对密尔来说并非如此。对密尔来说,陈述道德错误的必要而充分的条件时,甚至无须提到社会规则。一个行为在道德上是错误的,必要而充分的条件是,公众情感对它的反感、反复灌输一种避免该行为的性情以及一种因为做了该行为而感到懊悔的性格倾向,这些都是最为有利的。无疑,社会规则是道德规范的一部分,如果可以建立一条社会规

① J.S.Mill, *Utilitarianism, On Liberty and Considerations on Representative Government*, p.45. (中译参阅约翰·穆勒:《功利主义》,第49页。——译注)

则来反对一个行为,而且那条规则要是得到普遍遵守的话,将会产生最好的后果,那就可以表明这个行为在道德上是错的。但是一套道德规范不仅仅是一套社会规则,一种行为是一条社会规则所禁止的这一事实并不是其道德错误性的一个必要条件(尽管它可能是一个充分条件)。任何道德规范的更大部分都不是关于社会规则的建立与强制实施的,而是关于情感和态度之灌输以及气质和倾向之养成的。当密尔谈到良心的谴责是一种至关重要的制裁时,他提到的正是道德的这一部分而不是社会规则。不可否认,就像个人行为一样,社会规则在密尔看来也可以具有功利或具有带来幸福的属性(felicificity),只要它们有促进幸福的倾向。但是仅靠它们自身是不会具有这种属性的,事实上,密尔似乎认为,气质与动机的灌输对于促进功利来说比行为的实施或规则的建立都更重要。 32

密尔否认可以直接用功利或从功利推出来的可以指导行为的有利性来判定一种行为是错的,因此,我们不能用行为功利主义来解释他的道德理论;然而规则功利主义解释也是站不住脚的,因为密尔的道德理论很少强调良好后果的产生过程中社会规则的建立。而且,两种典型的功利主义在处理下述事实的时候都有困难:生活艺术作为一个整体在密尔那里旨在保证一个很大的道德上中性的领域,在这个领域中,道德上的正确与错误完全是不适用的。最后,也许值得指出,人们往往用正确与错误来表达两种典型的功利主义。这样,对一个行为功利主义者来说,一个行为如果至少能和其他任何行为产生一样多的益品,它就是正确的;而对一个规则功利主义者来说,一个行为如果符合一条社会规则,而该社会规则要是得到普遍遵守的话就具有最好的后果,那么这个行为就是正确的。(我在这里之所以不考虑某些不同形式的规则功利主义,它们以不同的方式来确定行为的正确性,是因为它们与我的主要论证仅有一点不重要的关系。)然而,在狭窄的道德领域以外,密尔生活艺术的戒条根本无须提到正确或错误。比如,在明智与高尚领域,我们可以用更明智、不太明智或更令人钦佩、不太令人钦佩来评价行为,根本无须假定行为者可以选择的最明智或最高尚的行为就是正确的行为。高尚与明智的戒条就像道德这一更大领域的戒条一样,只要人们具有一种受它们指导的稳定倾向,它们就是有效的。在整个生活艺术中,指示或禁止行为的社会规则只有一个非常有限的地位。

通过简要地考虑厄姆森（Urmson）关于密尔道德哲学之解释的一篇名副其实的著名论文，这些观点可以得到阐明。在那篇论文中，一种规则功利主义解释得到了有力捍卫。厄姆森用四个命题来陈述密尔的道德理论：①

33

    1. 通过表明一个具体行为符合某条道德规则，就证明了它是正确的；通过表明它违背了某条道德规则，就表明了它是错误的。

    2. 通过表明承认了某条道德规则就可以促进最终的目的，就可以表明那条规则是正确的。

    3. 只有联系一些普遍福利受到重大影响的情况，道德规则才能得到证成。

    4. 在不能适用道德规则的地方，具体行为是正确还是错误的问题就不会产生，不过行为的价值可以用其他方式来评价。

这里，我想评论说，尽管命题2和3显然有正当理由，但我在密尔那里没有看到支持命题1和4的文本依据。密尔仅仅在与正义有关的那个道德分支（that sub-department of morality concerning justice）中明确谈到了构成道德的那些规则：②

    正义这一名称指的是某些种类的道德规则，这些道德规则比其他任何用来指导生活的规则都更为关注人类幸福的基本要素，从而也能施加更为绝对的义务；而我们所发现的那种作为正义概念之本质的观念，即存在于个人身上的权利这种观念，蕴涵了也证明了这种更具约束力的义务。

在其他地方，尽管密尔提到了惩罚和次要准则等，但是他并没有专门提到规则。这样，厄姆森告诉我们，密尔说，是否可以适用道德规则是"一般

---

① 见厄姆森的论文，前引，收录于 J.B.Schneewind's *Mill：A Collection of Critical Essays*，London，Macmillan，1968，p.183。

② J.S.Mill，*Utilitarianism，On Liberty and Considerations on Representative Government*，p.55.（中译参阅约翰·穆勒：《功利主义》，第60页。——译注）

意义上的道德（而不仅仅是正义）与其余领域——即有利和可敬（worthiness）这两个领域——之间的标志性区分"（Everyman editon of *Ulilitarianism*, p.46）。然而, 在厄姆森引用的那段话之前的段落中, [1] 我没有看到密尔提到过规则, 他只提到过惩罚是否合适或是否应得以及惩罚与道德义务的联系。正如密尔所说: [2]

> 我们为什么会具有应受惩罚和不应受惩罚这样的观念呢？或许在下文就会明白。但是我认为, 这种区分无疑构成了正确与错误概念的基础。如果我们认为, 一个人应当因为某个行为受到惩罚, 那么就会说这个行为是错的; 相反, 如果我们认为, 一个人不应当为了这个行为而受到惩罚, 我们就会用其他一些表示不喜欢或蔑视的词语来说这个人的行为。如果我们希望看到一个相关的人被强制去做一件事, 我们就说这样做是对的; 如果我们只愿意看到他被说服或被劝告去做一件事, 我们就说这样做是可欲的或可嘉的。

因此, 密尔关于道德上的正确与错误的标准提到的是可惩罚性, 而不是 34 道德规则的建立, 因而也要从这些角度来表述命题 1 和 4。

最后, 我们可以作出一点澄清性的说明, 这个说明至少将揭示密尔的道德观与某些规则功利主义者的道德观之间的一种深刻差异。密尔从来不认为下述事实是一个行为正确的充分条件, 甚至也从来不认为是必要条件: 我们可以陈述一条规则, 这个行为符合这条规则, 而且如果这条规则得到普遍遵守的话会带来最大的幸福。密尔的功利主义道德理论根本没有提到假设的或理想的道德规则, 在他的道德理论中, 道德规则根本不重要, 除非它们体现在真实的社会世界中, 或者可以在真实的社会世界中以合理的方式得到制定。而且, 密尔还主张一个强有力的假定, 即当前在社会中起支配作用的规则体现了大量的经验, 这些经验比任何一个人的经验都更丰富, 不能仅

---

[1] Urmson, The Interpretation of the Moral Phiolosophy of J.S Mill, J.B.Schneewind's *Mill: A Collection of Critical Essays*, London, Macmillan, 1968, p.189.

[2] J.S.Mill, *Utilitarianism, On Liberty and Considerations on Representative Government*, p.45. （中译参阅约翰·穆勒:《功利主义》, 第 50 页。——译注）

仅根据我们的功利计算轻易地对它们加以放弃或改变。就道德规则而言,我们可以说,密尔是一个柯勒律治(Coleridge)式的功利主义者,但这并不是说,密尔认为,现实社会世界中存在一条规则这一事实足以证明遵守这条规则是正当的。事实上,密尔的间接功利主义既不完全符合"理想规则"(ideal-rule)版本的规则功利主义,也不完全符合"现实规则"(actual-rule)版本的规则功利主义。我的结论是,尽管厄姆森的论文成功地表明了密尔不是一个行为功利主义者,但是它并没有提出令人信服的论据来证明他是当前所理解的那种规则功利主义者。我认为,最有益的做法就是,接受厄姆森对那种把密尔道德理论解释为行为功利主义的做法所提出的有力批评,同时又放弃他的一个没有根据的主张,即密尔的道德理论和实践推理理论必须赋予或事实上确实赋予了规则的建立以中心地位。

然而,有几个问题立刻出现了。首先,我们需要再次追问,在密尔的论述中,究竟如何区分有利性与道德?显然,我所提出的有利原则意味着,功利主义行动者应当采取那个具有最佳后果的行为:但是,如果已经建立起一套功利主义道德规范,那么这种纯粹的、需要慎思的"应当"(pure deliberative "ought")如何与具体的功利主义道德规范的要求相联系?其次,密尔关于错误的形式标准(从惩罚是否最为有利的角度来衡量正确与错误)与他在《论自由》中提出的实质标准(即自由原则)有何联系?最后,更具体地说,为什么密尔认为当我们要决定实践问题时直接诉诸有利性的做法是自我挫败的?

35　　我们先颠倒这些问题的顺序,再来处理它们,这将使我们可以看到它们之间的复杂联系。在回答最后一个问题时,指出一点很重要,即密尔认为直接诉诸有利性,无论是从个人角度而言,还是从集体角度而言,都是自我挫败的。之所以从个人角度而言是自我挫败的,一方面是因为我们往往缺乏信息和能力,无法发现具有最佳后果的行为;另一方面是因为,对人来说,幸福并不是一种可以直接实现的东西。后面这个观点依赖于密尔复杂的后边沁主义道德心理学,这种道德心理学认识到,人的幸福不是在消极体验某种具体感觉的过程中实现的,而是在成功追求某些因自身之故而被珍视的目的的过程中实现的。我们几乎可以说,在密尔看来,一个人可以直接追求他自己的幸福这种想法包含了一种范畴错误,或者至少包含了一种心理学吊诡。密尔在他的《自传》中明确表达了他的一个信念,即以任何直接的方式追求一个人自己的幸福都是自我挫败的。在谈到早年经受的那场精神危机对他的观点和性格所造成的"非常明显的影响"时,密尔评论道:

> 事实上,我的下述信念从未动摇过:幸福是检验所有行为规则的标准,也是生活的目的。但是我现在认为,这个目的只有在不被当作直接目的时才能达到。我想,唯有那些专注于某个目标而非专注于自己幸福的人才是幸福的,比如专注于他人的幸福、人类的进步,甚至专注于某种艺术或志趣,而且不是把它作为一个手段,而是把它本身就作为一个理想的目的。

事实上,对密尔来说,正如我稍后会尽力表明的那样,不考虑对自己幸福的贡献而去追求的这些志趣与理想,这实际上是密尔所理解的幸福的构成要素。①

直接追求幸福之所以在密尔看来,从集体角度而言,也是自我挫败的,一方面同样是由于缺乏可靠的检验标准来辨识最佳行为,另一方面也是由于社会合作的某些不可或缺的条件。当我在下一章讨论作为一条社会合作原则的自由原则时,我会尽力阐明这些条件是什么,但是在这里指出下面一点或许就足够了:对密尔来说,一条原则如果不能保护人的至关重要的利益(vital interests),它就不能用来指导社会合作的条件之设定。对密尔来说,关键在于,对这些至关重要利益的保护本身具有一条功利主义的理据,这条理据已经在他的正义理论中得到了承认。

要阐明密尔错误行为标准的形式要素与实质要素之间的联系,在很大程度上就必须阐明我已经提出的一些观点。密尔观点的一个关键之处在于 36 他对错误所作的概念分析,我已经提到了这种分析,在这种分析中,错误必然与可惩罚性相联系。在《功利主义》相关段落中,这一点得到了那种最好被称为道德的自然史尝试(an excursion into the natural history of morality)的

① J.S.Mill, *Autobiography*, in Max Lerner(ed.), *Essential Works of J. S. Mill*, New York, Bantam Books,1961,第5章,第5段。(中译参阅约翰·穆勒:《约翰·穆勒自传》,吴良健、吴衡康译,商务印书馆1987年版,第87—88页。——译注)

支持。密尔在情感(sentiment)中找到了道德感(moral feeling),尤其是正义感(the sense of justice)的基础,情感本身是与道德无关的,在情感中,我们试图报复损害我们利益的行为,通过扩展同情(密尔认为同情出自人的本性),我们也试图报复损害我们所属社会的其他成员利益的行为。密尔说道:"所以我认为,正义的情感……就是报复或报仇这种自然情感,它产生于我们的理性判断和对受害者的同情心,我们会与他人一道受到这种伤害行为的伤害。"①在这里,密尔提出了一种道德观,他把道德看作一种集体自卫,在这种道德观中,正义感具有最重要的地位。将这一点称为一种概念分析有失公允,尽管密尔的论证的其他方面——比如他声称错误与可惩罚性之间具有必然联系——包含了一种对道德概念的分析。确切地说,密尔提供的是道德社会学上的一种猜测,他要猜测道德情感的社会用途或自然功能。密尔继续论证,从视道德为集体自卫这种道德观出发,一直到自由原则,在这一过程中,他利用了道德社会学中这些推测性的主张,因为他认为,自然情感中的自卫是道德情感的首要来源。

现在我们可以直面对密尔关于道德和有利性之关系的说明,所面临的或许是最明显也是最棘手的困难了。之前我问过一个问题,即一旦一种功利主义道德规范建立起来,有利性所指定的"应当"会怎么样? 当特恩(Ten)在其近作中追问密尔如何应付道德的要求与有利性的要求之间的冲突时,他已经以更有力但也完全公允的方式提出了这个问题。他总结道:②

> 密尔对道德概念的分析没有在任何地方表明道德的要求必须优先于所有非道德的考虑因素。……因此,我们可能没有一种总是要将幸福最大化的道德义务,但是仅凭这一点,我们不能推出,我们不应该总是采取行动去将幸福最大化,即便这样做一定会违背我们的道德义务。

37　　特恩承认,最近许多学者已经尝试着回应这一批评,其中最值得注意的

---

①　J.S.Mill, *Utilitarianism*, *On Liberty and Considerations on Representative Government*, p.45.(中译参阅约翰·穆勒:《功利主义》,第52页。——译注)

②　C.L.Ten, *Mill on Liberty*, Oxford, Clarendon Press, 1980, p.48.

是萨托瑞尔斯(Rolf Sartorius)和黑尔(R.M.Hare)。萨托瑞尔斯主张,甚至古典行为功利主义也可以赋予道德规范某种独立的重要性。他的论证如下:①

> 因此,行为功利主义事实上可以这样来解释禁止直接诉诸功利的社会规范:社会规范在两种意义上不仅仅是经验法则。首先,它们通过调整对后果——后果是功利主义道德行动者必须加以考虑的——的考量,发挥着一种重要的功能,即把人的行为引入它原本不会走上的道路。其次,它们为行为提供了理由,因为人们对它们的习惯性接受相当于存在一系列正当的预期,根据社会规范被违背的一般的或通常的情况来看,这些正当预期的落空是一种负功利。

特恩对这些论证感到不满。他反对萨托瑞尔斯说,即便功利主义的观点可以支持建立绝对的道德规则,这些道德规则也未必具有而且通常不会具有一种自由主义的内容,他把詹姆斯·斯蒂芬作为一个例子,认为他代表了这样一个一以贯之的功利主义者:高度重视道德规则,却否认这些规则应该基于功利主义的理由对自由给予特殊关照。② 在讨论黑尔的一个建议——即可以通过区分不同层次的道德思考,从而使得道德规范以一种与功利的要求相一致的方式被赋予一种比经验法则更重的分量——时,特恩再次提出,任何根据这些思路对密尔提出的解释都有"一个致命的错误",③这种解释会导致对道德戒条(包括自由原则)的态度变得僵化,而这与密尔对偏见和没有得到理性支持的道德情感的普遍反对完全不一致。

我并不认为这些批评具有特恩所认为的那种力量。固然,像其他道德改革家一样,密尔致力于在道德批评实践与现有道德生活的维系之间寻求

---

① Rolf Sartorius, *Individual Conduct and Social Norms*, Encino and Belmont, California, Dickenson, 1975, pp.70-71.关于黑尔对这个命题的陈述,见 R. M. Hare, *Moral Thinking : Its Levels, Method and Point*, Oxford, Clarendon Press, 1981,尤其是第 9 章——关于功利主义框架下的正义与权利——中那些富有启发性的问题。特恩批评过黑尔的陈述,但是黑尔的书比特恩的书后出版。

② Ten, *Mill on Liberty*, pp.34-36.

③ Ibid., p.38.

一个平衡点。但是,尽管他总是反对直觉主义,并借助于情感(情感上一种道德知识理论中的要素),他却没有在任何地方否认过稳定的道德情感与自发的道德反应对于一个自由社会的重要性。密尔所寻求的这种平衡无疑是一种很脆弱的平衡,不过他的道德生活理想似乎没有任何荒谬之处,在那种道德生活理想中,受到功利主义支持的戒条被赋予了相当的重要性,然而38 仍然是可以质疑和挑战的。简言之,我看不出特恩已经表明,黑尔关于道德思考层次的建议是一件心理学上或社会学上不可能的事情,或者并不符合密尔对日常道德生活的态度。

在讨论萨托瑞尔斯试图为"绝对"道德规范的建立给出一种功利主义证成的尝试时,特恩并没有充分重视我已经提到的密尔错误行为标准的形式方面和实质方面之间的区分。萨托瑞尔斯的论证的关键主张事实上是一个形式命题,即功利主义当中没有任何东西反对(而且可能还有功利主义的理由去支持)赋予道德规范以绝对的或较为绝对的地位。至于"这样的规则将具有一种自由主义的内容"这个观点,我们需要求助于密尔的幸福理论和他的至关重要利益概念。如果抛开密尔理论中的这些要素,那么对密尔和萨托瑞尔斯提出下述反对意见(就像特恩和斯蒂芬那样)事实上就并不矛盾:赋予现存情感一种恰当的功利主义分量往往会得出一些非自由主义的准则。我将在下一章再回到这个问题上来。

特恩向修正派对密尔的重释所提出的最根本的反驳是,它并没有解释道德相对于其他实践考虑因素的优先性,或者并没有表明为什么当道德与有利性相冲突时,道德不应该让步。我认为,这个观点与宏德里奇提出的观点是同一个观点,只是表述不同而已。宏德里奇说,①自由原则必定要么是功利原则的一个推论,要么就不可能从功利主义角度来加以证成。无论是特恩还是宏德里奇都反驳说,不被功利主义考量所推翻的道德规范不可能源自功利。然而我要论证的是,如果密尔的信念"直接诉诸功利在各种意义上都是自我挫败的"是正确的,那么我们就必定会得出,道德规范确实源于功利。根据这种观点,道德规范如果要想最为有效地促进功利,就必须具有一种独立于其直接功利的重要性。在下一章,我将尽力支持密尔所谓直

---

① Honderich,前引。

接功利主义具有自我挫败的效果这个命题。

我的论证到此为止的结果是,我把一种功利主义道德理论归于密尔,这种理论不同于行为功利主义和规则功利主义,我将遵循最近一些学者,称之为间接功利主义。① 密尔间接功利主义的独有特征是什么? 我认为有两点。第一,无论是普遍幸福还是行为者自己的幸福都不是直接追求的目标;第二,功利与其具有指引行为作用的推论(即有利性)一道,构成了一条评价整个艺术戒条体系(whole systems of precepts of art)的原则,在这些体系中,道德规范具有核心的(但并不是排他性的)重要性。我的目的在于表明,密尔从间接功利主义推出重要的艺术戒条(比如自由原则)的做法是有说服力和合理性的,同时,这种做法也与对正义和道德权利所作的更具一般性的功利主义解释相一致。

显而易见,在这种对密尔的解释中,道德被看作一种重要的社会工具,它关注于以功利最大化的方式来协调人类活动。有人可能会发现这样一种外在主义的、工具性的道德观有问题,因为它似乎导致了功利主义的道德行动者的立场与功利主义的理想观察者的立场之间的分裂。如果我们认识到,在密尔的功利主义社会,一个行动者可能被功利原则要求采取某些行为,而这些行为仅仅是他所参与的、受功利主义支持的道德实践所允许的而不是所要求的,那么,我们就很容易想象这样一种分裂会出现。由于一种道德实践周围的自由领域对密尔来说是一个道德上中性的领域,个人该如何决定做什么呢? 无疑,在一定程度上,密尔将在这一领域追随边沁,就像在大多数生活艺术学说中一样。运用边沁在公共伦理学与私人伦理学之间的区分(这种表述与密尔的不同,实质上是类似的),密尔会主张,如果在私人领域或涉己领域(self-regarding)人们受明智与可敬(prudence and worthiness)指引,功利往往会得到提升。对此,无疑可以这样来反驳:尽管在道德上中性的领域受明智与可敬指引一般而言可以提升功利,但未必且不会在每一种情况下都如此。下述说法可能仍然是正确的:从功利主义角

① 我意识到把间接功利主义作为一类学说——密尔的间接功利主义只是其中的一种——是可能的,也有一定的困难。对此,我要感谢伯纳德·威廉斯在他的《对功利主义的一个批评》第六章对它的讨论,见 J.J.C.Smart and Bernard Williams, *Utilitarianism:For and Against*, Cambridge University Press,1973,pp.118-135。

度来讲，一个人应该去做他不负有受功利主义支持的义务去做的事。对密尔的论证的这个方面的抵制很可能源自对一种道德观的怀疑，根据那种道德观，道德的重要性不是绝对的，而是工具性的，不过这种道德观是任何形式的功利主义基本的要素。

我的观点是，密尔无须放弃他的功利主义承诺，也可以一以贯之地为那些产生义务并禁止直接诉诸功利的道德规则与社会规范保留一个重要地位。他的主张是，所有这样的规则或准则，包括最为重要的自由原则，都可以从功利推出来，即便它们的作用恰恰在于禁止直接诉诸功利。还可以主张，我已经加以解释的生活艺术理论包含了功利主义观察者的观点与道德行动者的观点之间的分离，这种分离让人困惑，而且密尔本人也发现很难坚持这种分离。在这一点上，他所面对的困难或许通过他在究竟如何区分生活艺术的各个分支这个问题上所表现出的不确定性而得到了证实。在《逻辑体系》中，密尔谈到"生活的艺术，它包括三部分，即道德、明智或策略、审美；它们分别对应于人的行为或作品中的正确、有利、美或高尚"。① 然而，在《论边沁》一文中，他说，行为具有"一个道德方面，即行为的正确或错误的方面；审美方面，即行为的美的方面；同情（sympathetic）方面，即行为的可爱（lovableness）的方面"。他说，"第一个方面针对我们的理性与良知；第二个方面针对我们的想象；第三个方面针对我们的人类共同情感。"②

在这种分类中，明智被排除了。与这种分类不同，我们在《功利主义》中发现了第三种分类，在那里，正如布朗所指出，密尔区分了道德和其余领域，即有利与可敬领域。③

布朗指出，瑞安（Ryan）最初对生活艺术的说明是不可接受的，因为尽

---

① *A System of Logic*, bk VI, Ch.12, sect.6.

② "Bentham", in G. Himmelfarb（ed.）, *J. S. Mill on Politics and Culture*, New York, Doubleday, 1963, p.116.（中译参阅约翰·穆勒：《论边沁与柯勒律治》，白利兵译，上海人民出版社2009年版，第53页；也可参阅约翰·穆勒：《论边沁与柯勒律治》，余廷明译，中国文学出版社2000年版，第101页。——译注）

③ J.S.Mill, *Utilitarianism, On Liberty and Considerations on Representative Government*, p.46.（中译参阅约翰·穆勒：《功利主义》，第50页，在那里，徐大建先生分别将expediency和worthiness译为"利益"和"价值"。——译注）布朗关于密尔对生活艺术的不同表述的讨论出现在他的"Mill on Liberty and Morality", *Philosophical Review*, 1972, vol.81, pp.133–158.

管他区分了明智和道德,认为它们分别关注的是自己的幸福和他人的幸福,但是在密尔看来,而且事实上也是如此,道德要求我们在自我与他人之间不偏不倚。我们对功利在密尔思想中的地位的看法所遇到的困难在于,明智的要求有时候与道德的要求相冲突。当西季维克在考虑密尔思想中的义务与利益的关系的过程中不得不(在巴特勒[Butler]的影响下)接受一种基本的"实践理性二元论"时,他也发现了这种困难。如果功利原则包含了要在自己的幸福与他人的幸福之间不偏不倚这样一种要求,那它就不是一条道德原则了吗? 这个困难因为密尔的一个主张而变得更加严重,密尔主张,边沁忽视了性格与行为之间的关系,从而使得道德概念变得贫瘠(impoverished)。正如哈里德(Halliday)所说:[1]"无论那种新的自我教化伦理学(ethic of self-culture)还意味着其他什么东西,对道德判断的运用和范围所作的边沁式理解完全是不恰当的。"瑞安在解释生活艺术时对这种观点说得很清楚,他说:"问题……在于,如何让(在生活艺术中所作的)这些区分的明显的蕴涵意义与密尔的抱怨——即边沁由于无视行为者的性格与他所采取的行为之间的关系,从而忽视了重要的道德上的考虑因素——相一致。""如果道德在密尔看来与义务的领域具有相同的范围,并告诉我们什么是我们必须做的,我们可以被正当地强迫去做什么,那么可敬似乎也进入了强制的领域。"[2]我们已经看到,由于要求我们在自己的幸福与他人的幸福之间不偏不倚,功利原则看上去就像一条道德原则一样。现在我们发现,密尔把关于自我发展的审美判断(关于可敬性[worthiness]的判断)放进了道德领域。 41

密尔对生活艺术的表述所存在的这些不确定性意味着,我对它所作的间接功利主义解释面临一个困难:密尔怎么能一以贯之地强调性格的价值? 他的功利主义如何能与他的一个显而易见的信念相一致,即人的可敬性可以而且应该无须参照它所产生的好的事态来评价? 我们又一次碰到密尔功利主义最重要的特征,即其间接性。正如密尔本人在《论边沁》中所说:"我们认为,不通过各种次级目标的中介作用,功利或幸福就是一个过于复杂和

① R.J.Halliday,*John Stuart Mill*,London,Allen & Unwin,1976,p.58.
② A.Ryan,*John Stuart Mill*,London,Routledge & Kegan Paul,1974,p.106.

模糊的目标,无法追求。……那些采用功利原则的人除非通过次级原则,很少能够运用它。"①密尔在这些段落和其他地方所表达的信念是,只有当一个人因为一些具体东西(比如计划、活动或人)本身之故而喜欢这些东西时,这个人才能真正地为他自己和他人带来可靠的幸福。如果直接追求幸福或功利总体而言是自我挫败的,那么功利原则就要求我们形成一种性格,以便因为事物本身之故而重视它们,而且也要求我们发展一种自尊感或道德尊严感,借助于它,我们可以对自己和他人进行评价。因此,一个人在日常的生活事务中应该既要诉诸道德标准,也要诉诸高贵或可敬的标准。一旦我们注意到,密尔认为功利要求人的可敬性就像其他好东西一样应该被当作一种目的本身来加以追求,那么密尔坚持人的可敬性对提升幸福的重要性这种立场明显的吊诡之处就被消除了。

解决了密尔对性格之价值的解释所存在的这个明显的困难,我们或许就会找到办法来解决密尔思想体系中的道德的"外在"或"工具性"特征面临的那些更为明显的困难。密尔间接功利主义的特征体现在它所引入的一个区分,即在实践层面思考行为与在批判层面思考行为之间的区分。根据密尔的解释,艺术的戒条,无论这些戒条就内容与功能而言是不是道德戒条,都提供了一些我们在实践慎思中必须要加以考虑的因素。唯有在批判层面思考行为时,我们才往往诉诸功利原则。在原则层面,我们要依赖各种戒条所包含的考虑因素,这些考虑因素赋予了生活艺术的几个分支以内容。对密尔来说,只有在不可避免地要直接诉诸功利时,也就是说,只有在我们可以运用的艺术戒条彼此冲突或没有给出任何明确指示(可能是因为我们的处境前所未有)的情况下,才允许直接诉诸功利。这样,关于对行为——不仅仅是道德行为,还包括实践生活所有分支中的行为——的思考,密尔的间接功利主义就包含了一种分层次的(hierachical)理论。在通常情况下,无论是道德还是明智抑或高贵都不会被行为者体验为"外在的",因为它们的戒条已经被他内化了。除非我们没有理解一个行动者在其实践慎思中应该诉诸的那些考虑因素与最终能够证成其行为的那些考虑因素之间的区分,否则,我们

① "Bentham", in G.Himmelfarb(ed.), *J.S.Mill on Politics and Culture*, p.114.(中译参阅约翰·穆勒:《论边沁与柯勒律治》,白利兵译,第50—51页。——译注)

就不会觉得密尔的道德理论和实践推理理论总体上很怪异或者是错误的。

3. 功利、快乐与幸福

　　我相信,到此为止我已经澄清并捍卫了密尔功利主义的某些最重要的形式方面。即便接受了密尔学说的这一部分,我们仍然必须表明为什么唯有幸福具有价值,以及为什么幸福与自由有联系。在考查密尔对功利原则的著名"证明"——这种"证明"必须经受住摩尔、布拉德雷(F.H.Bradley)与约瑟夫(H.W.B.Joseph)这样人物的蔑视①——之前,让我们先弄清密尔的观点在哪些方面不同于依然经常被归到他身上的那些观点。弗雷德·伯格(Fred Berger)在他研究密尔的重要著作中非常详细地表明,②密尔既不赞成心理快乐主义(psychological hedonism),又不赞成心理利己主义:就是说,他从来不认为人们总是出于对快乐或幸福的欲求而行动,无论是他们自己的快乐或幸福,还是受他们可选择的行为所影响的所有人的快乐或幸福。毋宁说,他的观点是,快乐和痛苦与所有自愿的人类行为具有因果上的联系(尽管有时候只是通过行为与快乐之间过去所具有的联系而间接地联系)。在他早期论著《边沁哲学评论》(1833)、后期更著名的论著《论边沁》(1838)以及他1869年编辑他父亲的《人类心智现象分析》时所加的脚注中,可以找到证据来支持把这种观点归于他身上的做法。不过,最重要的是,鉴于密尔的观点在很大程度上已经遭到误解和歪曲,他在极富影响的《逻辑体系》一书中明确地拒斥一个观点,即人总是或往往出于对快乐的欲求而行动。他说:③

43

---

　　① 对密尔的"证明"的反应,见 Norman Kretzman,"Desire as Proof of Desirability",in Gorovitz,前引,pp.231–241。

　　② 非常感谢伯格教授,他让我阅读了他的一本非常有价值的书中的几章。伯格对密尔幸福观的解释以"Mill's Concept of Happiness"为题发表于 *Interpretation*,1977,vol.VII,no.3。

　　③ J.S.Mill,*A System of Logic*,bk Ⅵ,ch.2,sect.4.也见《功利主义》第4章"论习惯性意志"一节,密尔在那里说:"意志是欲望的孩子,脱离了父母的管教之后,只受习惯的管教。"(p.38,Everyman edn)(中译参阅约翰·穆勒:《功利主义》,第41页。——译注)感谢 D.A.Rees博士让我注意这段话。

当意志被说成是由动机所决定时，一个动机并非总是意味着或仅仅意味着对一种快乐或痛苦的预期。……唯有当我们的目的已经变得独立于痛苦或快乐的感觉——我们的目的最初就产生于痛苦或快乐的感觉——时，我们才被说成是拥有了一个稳固的性格。

我们再次发现，密尔根本不是主张，每个人总是寻求他自己的快乐或善，相反，他经常而且坚持不懈地主张，很多痛苦和快乐本质上都具有同情或利他的性质。在编辑他父亲的《人类心智现象分析》时所加的一个脚注中，①他评论说：

显而易见，唯一我们具有直接体验的快乐或痛苦是由我们自己所感觉到的那些快乐或痛苦，我们的每一种快乐与痛苦的观念正是产生于它们。同样显而易见的是，我们用来思考别人感觉到的快乐或痛苦的那种快乐或痛苦本身是我们自己的快乐或痛苦。但是，如果这种说法是说在这种情况下，快乐或痛苦总是我们自己的快乐或痛苦，那么我认为这种说法是不对的。

这样，密尔的观点并不是人们总是出于对快乐的欲求而行动，无论是他们自己的快乐还是别人的快乐；他的观点是，作为人们行动目标的欲求是通过联想而与快乐或痛苦的观念具有因果联系的。正是因为这是他的观点，密尔在《功利主义》中才能一以贯之地主张，人们可能会欲求一些离快乐很遥远的东西，而且出于它们自身之故而欲求它们。他说道：②

无论人们欲求的是什么东西，如果不是因为它是达到它自身之外的某个目的的手段，从而最终是达到幸福的手段，就是因为它本身就是幸福的一部分，而且，除非它本身已经变成了幸福的一部分，否则它就不会因为它自身之故而被人欲求。那些因美德自身之故而欲求美德的

---

① James Mill, *Analysis of the Phenomena of the Human Mind*, London, 1869, pp.217-218.

② J.S.Mill, *Utilitarianism, On Liberty and Considerations on Representative Government*, p.35. (中译参阅约翰·穆勒：《功利主义》，第38—39页。——译注)

人之所以欲求它,要么是因为对美德的意识是一种快乐,要么是因为对缺乏美德的意识是一种痛苦,或者是因为两者兼而有之。

密尔在这里的主张是,与快乐不同的东西也可以因为它们自身之故而被欲求,而且,由于它们是因它们自身之故而被欲求的,它们要被看作幸福的构成要素,而幸福用他的话说"不是一个抽象的观念,而是一个具体的整体"。① 事实上,密尔的观点是,幸福可能不是通过直接追求快乐来实现的,相反,是通过追求与快乐不同的东西来实现的,比如,通过参与因自身之故而被我们重视的活动与计划。正是在这里,我们必须避免一种对密尔的误解,德莱尔(Dryer)的解释就暗示了这种误解。德莱尔正确地指出,尽管密尔把他的幸福原则描述为评价行为的"唯一标准",但这并不意味着,任何人要想知道是否应该采取某个行为,唯一的办法就是去看它是否会比其他行为带来更多的幸福。正如德莱尔所说:"密尔的原则并没有提供唯一的检验标准;它只是规定了一个条件,这个条件是任何检验标准都必须要遵守的。"②然而,如果我对德莱尔的观点没有误解的话,那么他接下来关于功利原则的说法是不对的:③

> 它意味着,没有任何人或人的性情是因其自身之故而可欲或不可欲的。根据这条原则,唯一一种因其自身之故而可欲或不可欲之物是一种包含了有感知能力的存在者(sentient beings)的事态。它意味着,无论正义、自由还是和平都不是因其自身之故而可欲的。

我引用的这段话中的最后一句所表达的观点是不对的,因为,如果幸福是唯一因其自身之故而可欲的,那么就会有很多东西都是因其自身之故而可欲的,因为它们是幸福的必要构成要素。而且,如果幸福包含了一些与快乐不同的、因其自身之故而可欲之物,那么在密尔的解释中,幸福就已经与快乐区分开了。然而在这种情况下,密尔也可以主张,某些类型的快乐比其

① J.S.Mill, *Utilitarianism*, *On Liberty and Considerations on Representative Government*, p.35.

② Dryer, "Mill's, Utilitarianism", p.lxvii.

③ Ibid., p.lxxii.

他快乐更有价值,因为它们对幸福有更大的贡献。我将在第四章回答这个问题,在那里,我把密尔的幸福概念连同他对高级快乐与低级快乐的解释和他的个性理论联系起来。

对于我的阐述中的这一点,可以合理地反驳说,无论密尔如何设想幸福,他都并没有表明它是唯一最终有价值之物。我现在并不想在这里系统讨论密尔的"证明",但是对这一点提出一些相对而言没有争议的评论或许是必要的。首先,密尔有一个著名的评论:"终极目的无法在证明一词的通常意义上得到证明",不过,"我们可以提出一些考虑,这些考虑可以决定理智到底是表示赞成还是不赞成",①这一评论应该已经暗示出,密尔并不认为他在提供某种严格意义上的证明性论据来支持唯有幸福(及其必要构成要素)具有内在价值这一主张。其次,他也没有犯自然主义谬误,如果所谓自然主义谬误指的是一种定义主义谬误(definist fallacy)②的话。密尔并没有主张"是可欲的"(being desirable)与"被欲求"(being desired)或"能够被欲求"(being capable of being desired)是同义语,或者可以相互定义。相反,他的论点是,唯有能够被欲求之物才能具有内在的可欲性;进一步说,某物被欲求这一事实可以证明它是可欲的。尽管这些论证可能支持一种价值理论,这种价值理论具有某种意义上的"自然主义"色彩,尽管针对这样的理论有许多重要批评,但是有一点应该是完全清楚的,即密尔没有在任何地方试图用能够被欲求来定义内在的可欲性。因此,密尔并没有在他的这部分论证中犯含糊其词的错误(a fallacy of equivocation)。最后,密尔也没有犯合成谬误(a fallacy of composition)。在一封与一名记者的通信中,密尔明确地否认了他有任何合成式的论证:"当我说普遍幸福对于全人类来说是一件好事时,我的意思并不是说,每一个人的幸福对其他每一个人来说是一件好事。"③

---

① J.S.Mill, *Utilitarianism*, *On Liberty and Considerations on Representative Government*, p.4. (中译参阅约翰·穆勒:《功利主义》,第5、35页。——译注)

② definist fallacy 一词源自 William Frankena 1939 年发表于 *Mind* 上的一篇批评摩尔关于"自然主义谬误"观点的论文"The Naturalistic Fallacy",指的是用一种属性(无论是不是自然属性)来定义另外一种属性的做法。详见 Nicholas Bunnin, Jiyuan Yu, *The Blackwell Dictionary of Western Philosophy*, Wiley-Blackwell.p.165。——译注

③ F.E.Mineka and D.N.Lindley(eds), J.S.Mill, *Later Letters*, *Collected Works*, University of Toronto Press, 1972, vol.XVI, p.1414.

那么让我们假定,密尔已经给出了理由来支持他的唯有幸福具有内在价值的主张。幸福与自由之间有何联系? 在这里,我只想介绍一下密尔论证的框架,我将在第四章更详细地分析他的论证。

密尔背离了古典功利主义的人性观,他在《论边沁》与《论柯勒律治》中对那种人性观进行了尖锐的批评。他的这种背离至少从四个方面支持了自由学说。首先,密尔放弃了他归于边沁和老密尔的那种消极心智观(conception of the mind),支持一种亚里士多德式的幸福观,因为他的幸福观与活动具有不可分割的联系。一个幸福的人生不再被设想为这样一种人生:它包含了诸多益品,这些益品被认为可以独立于人对它们充满活力的追求活动而被享受。其次,密尔坚信,一旦社会发展到一定水平,人们就会在活动中发现他们的幸福,其中,选择或“个性”是一个必要的构成要素。尽管密尔正如我希望表明的那样,并不认为作选择本身有一种价值,而无论它是否促进了幸福,但是他确实声称,对于人这种造物来说,一旦他认识到了各种形式的幸福(其中,作选择是一个必要构成要素),他们就不会轻易地放弃它们。再次,密尔的幸福观被公认为个人主义的和多元主义的幸福观。在密尔看来,每一个人都拥有一种本质(quiddity)或独特禀赋,它的发展乃是他的幸福所不可或缺的。最后,密尔认为,对幸福的追求不会导致一种罗尔斯式的理性生活计划,而是会导致一系列“生活试验”①,对于每一种生活试验,我们都会根据从他人那里所学到的东西进行不断的改变。对个体而言,就像对人类而言一样,这必须被看作一种目标开放的(open-ended)冒险。即便在某些情况下,某些特殊的试验是不可撤销的、灾难性的,当代人与后人要想从它们所产生的知识中受益,从事这些试验的自由也是必要的。

如果我们把密尔的功利主义看作一个有层次的结构,我们就可以更好地理解它。它至少包含三个不同的层次。首先是作为一条价值论原则的功利原则,它规定唯有幸福具有内在价值。这里的幸福是任何具有感知能力的造物的幸福,比如水母、低等哺乳动物或人,它们具有心理状态、感情或确定的偏好,功利原则完全可以运用于它们身上。其次是运用于人的功利原

①　J.S.Mill, *Utilitarianism, On Liberty and Considerations on Representative Government*, p.115.（中译参阅约翰·穆勒:《论自由》,第66页。——译注）

则,人拥有各种各样的能力,运用这些能力将带来幸福的或不幸福的生活,这些生活的特征(据我们所知)是我们人类所特有的。正是在这个层次上,人性的一般事实非常重要,这些事实是偶然的,因为它们完全可以是另外一种样子,但是就人而言,它们也是不可改变的,这些事实影响着生活艺术的各种戒条,并赋予它们独特征。最后是运用于爱反思的、文明的人之上的功利主义,在他们身上,已经形成了过一种自主生活的能力,而且他们也可以获得更高级的快乐。自由学说本身开始在这里发挥作用。通过赋予高级快乐一种特殊的重要性,密尔的功利原则似乎具有一个关注理想(ideal-regarding)的方面,而且表达了一种程序完善论(procedural perfectionism),在这种完善论中,作选择本身,而非所选择的生活方式,具有内在价值。一旦意识到密尔功利主义的三层结构,我们就可以看到,把一种完善论归于他的学说①极具误导性。唯有在运用于已经达到了文化发展的某个阶段的人时,他的学说才表现得具有这样一种性质。它始终是关注欲求的(want-regarding),②因为密尔功利主义的第三个层次建立在密尔所下的一个赌注上,即文明人事实上更喜欢自由人的生活,因为正是在这种生活中,他们才找到了他们的幸福。

47　　密尔的间接功利主义体现在一个命题中,即尽管功利原则提供了评价所有行为规范的标准,但直接诉诸功利来解决实践问题往往是自我挫败的。一方面,我们可以借助于人类幸福的独有特征来表明直接功利主义具有这种自我挫败性;另一方面,关于稳定的社会合作之必要条件的主张也可以表明这一点。而且,毫无疑问,密尔认为,任何形式的直接功利主义都因为人类可错这一重要事实从而是不合格的。间接功利主义的其他变化形式是可以想象的,它们由与密尔的推理不同的推理所支持,但是都与密尔的推理分享着一个命题,即在实践困境中,诉诸功利往往是自我挫败的,而且都会导致一种复杂的分层次的实践推理理论。密尔的功利主义分层次的结构之重要性体现在一个事实中,即在第二个层次上,作选择或自主性在人的至关重

---

① Haksar 就把一种完善论归于密尔的功利主义自由主义,见他的 *Liberty*, *Equality and Perfectionism*, Oxford, Clarendon Press, 1979, pp.230-235, 236-257。

② 这里是在巴里所界定的那种意义上使用"关注欲求"这一术语的,见 Brian Barry, *Political Argument*, London, Routledge & Kegan Paul, 1965, pp.38-43。

要利益当中不会拥有它在第三个层次上所拥有的那种中心地位与优先性。事实上,有一条对密尔自由学说的批评是,由于他在《逻辑体系》中所说的那些必要条件是任何稳定的社会秩序所不可或缺的,因此第三个层次永远无法达到。在这里我不会评论这条批评,也不会评论密尔功利主义理论三个层次之间冲突的可能性(它可能会揭示出这些可能性),因为我打算在本书最后一章处理某些这样的批评。我只会重申我的一个信念,即除非充分考虑到密尔功利主义的间接性与层次性特征、该特征对密尔哲学心理学的依赖以及它植根于他的人性观这一事实,否则,密尔的解释者和批评者就仍然会对密尔的一个主张——即《论自由》的言说对象之幸福的必要构成要素当中,自由具有中心地位与优先性——感到迷惑,或者不会被这条主张说服。不过,仍然有待弄清楚的是,密尔试图在他这部名著中捍卫的那条自由原则究竟是什么。

第三章　自由原则

1. 涉己领域、对他人的伤害以及
至关重要利益理论

48　　当密尔把那条准则——他在《论自由》中试图为采纳它而辩护的那条准则——描绘为"一条非常简单的原则"时,①他冒了很大的风险。自由原则绝不简单,而且对于其力量及其在被当作一个整体的密尔自由学说中的地位,争议不断。密尔自己的说法对他的解释者来说并无太大助益。尽管他在《自传》中称《论自由》是"一本阐述一条真理的哲学教科书",②但是在《论自由》中,他不仅提到了"一条非常简单的原则",而且提到了作为其规范性内容的"两条准则"。除了他的自由原则与他的整个自由学说之间的关系这样一个一般性问题——我将在本章最后一节考查这个问题——以外,自由原则本身也表现出一个不确定或含混不清的方面,我希望减少其不确定性或含糊性。在解释密尔自由学说时,一个困难源于这样一个问题,即密尔关于自由的原则到底是一条什么原则,当对他人的伤害可以因为限制自由而被阻止时,它便允许限制自由呢? 抑或是一条更狭隘也更严厉的原则,仅仅当一种行为造成了伤害时,它才允许限制自由? 不过要想阐明那个让人费解的问题,我们有必要先弄清密尔是如何理解伤害的。我们立刻发

----

① J. S. Mill, *Utilitarianism*, *On Liberty and Considerations on Representative Government*, London, Dent, 1972, p.72.(中译参阅约翰·穆勒:《论自由》,第 10 页。——译注)

② J.S.Mill, *Autobiography*, in Max Lerner (ed.), *Essential Works of J. S. Mill*, New York, Bantam Books, 1961, p.149.(中译参阅约翰·穆勒:《约翰·穆勒自传》,第 147 页。——译注)

现自己面临某种困难。

我们的(以及密尔的)困难的严重性可以根据一个事实来衡量,即有一个学者已经走得如此之远,以至于断言,《论自由》的整个论证"因为密尔使用'伤害'一词时含混不清而削弱了"。① 当然,密尔对这个术语的使用确实存在问题。他想让他的读者把"伤害"仅仅理解为身体伤害呢? 抑或还必须把对品格的道德伤害包括进自由原则的任何运用当中? 对自由的限制所阻止的那种伤害必须是直接施加给确定的个人的呢? 抑或它也可以是施加给制度、社会实践与生活方式的? 就限制自由而言,对感情的严重冒犯是否可以看作伤害? 抑或伤害必须是针对利益,或针对某些特殊的利益,那些利益的保护已经被赋予了一种权利的地位? 未能使某人受益,或未能履行一个人对公众的义务,这是否可以看作一种已经造成伤害的情形? 这些困难体现了在分析伤害概念时所面临的一个哲学困难,这个哲学困难源于一个事实,即关于伤害的判断在持不同道德观点的人那里往往有争议。对"伤害"之意义所作的一种纯粹自然主义解释可以被认为能够满足通常的思想与实践从而被接受吗? 或者,如果像温奇(Winch)②这样的学者的下述想法是正确的,即不同生活方式下的人会对何为伤害作出不同的判断,那么密尔使用一种修正过的伤害概念是否可以被证明是正当的呢? 任何一个感兴趣于密尔自由原则的阐明或运用的人自然都会遇到许多困难,这些困难只是其中的一部分。因为,如果一条原则告诉我们说,自由是不可以受到限制的,除非是为了阻止对他人的伤害,但是我们却发现我们对于什么样的行为可以算作"伤害"完全达不成一致,那么这条原则到底是什么意思,或者到底有什么用?

因此,似乎无可争辩的是,如果自由原则要想有用,我们就必须认为它预设了存在一个人类行动领域,在那个领域中,一个人的行为尽管可能伤害到他自己,但不会伤害到他人。自从《论自由》出版以来,对他的观点最常见的批评一直是,它预设了一个并不存在的东西,即一个纯粹涉己行为的领域,那些行为只对行为者自己有重大影响,对其他任何人没有重大影响。如果是这样,那么密尔的原则就不能完成他心里为它指定的任务,即确保一个

---

① J.R.Lucas, *Principles of Politics*, Oxford, Clarendon Press, 1966, p.174.

② Peter Winch, "Can a Good Man be Harmed?", in *Ethics and Action*, London, Routledge & Kegan Paul, 1976, pp.193−209.

确定的、重要的人类生活领域不受到对自由具有限制作用的侵犯。

约翰·瑞斯（John Rees）在一篇著名论文中尝试着回答这一传统批评。① 瑞斯区分了影响他人的行为与影响他人利益的行为，并声称密尔所使用的伤害概念是指对利益的伤害。这样，根据瑞斯的观点，"当一个人可以被认为拥有利益时，他就因此拥有一项权利"，哪怕只是一项让他的利益得到考虑的权利。瑞斯强调，利益"要想存在就要依赖于社会的承认，而且与一个人可以合理地指望他人做出什么行为这个问题上的流行标准密切相关。"② 有两点与瑞斯的解释有关。第一，尽管他强调，无论是他还是密尔都不是在说，权利和利益是同义词，而只是说它们彼此密切相关，但是权利和利益在几个方面具有重要的差异，密尔已经表明他认为其中的某些方面与他的观点有关。下述观点或许并不是完全无关紧要：尽管一个人的利益可能会因为一个非人为的过程（比如一场自然灾害）而遭到损害或妨碍，但是唯有其他人的行为才会影响到他的权利。③ 确实，密尔在《论自由》中并不关注一个人的利益遭受损害的所有情况，而只是关注他的利益被侵犯——也就是被他人损害——的情况。但是，我们可以将这些情况加以区分这一事实表明，在某些情况下，我们如何看待一个人的利益未必就意味着我们会如何看待他的权利。第二，应该注意的是，当密尔在瑞斯所引的那段话中试图确定一个人要对社会负责的生活领域之边界时，他并不是在确定一个人的利益是什么，而是在确定他的权利。他说："这种行为……不得损害彼此的利益，或者毋宁说，不得损害某些利益，即根据明确的法律规定或我们的隐含理解应该被看作是权利的那些利益。"④ 这里，检验标准不是看一个人的利益是否受到了他人的损害，而是看他的利益是否应该被当作权利来保护。

① J.C.Rees, "A Re-reading of Mill on Liberty", *Political Studies*, 1960. vol.8, pp.113-129, 重印于 P.Radcliff（ed.）*Limits of Liberty*, Belmont, California, 1966, pp.87-107.（中译本参阅约翰·格雷、G.W.史密斯编：《密尔论自由》，樊凡、董存胜译，吉林人民出版社 2011 年版。——译注）

② Ibid., p.94.

③ 我要把这个观点归于 Joel Feinberg, "Harm and Self-Interest", in P.M.S.Hacker and J. Raz（eds）, *Law, Morality and Society：Essays in Honour of H. L. A. Hart*, Oxford, Clarendon Press, 1977, pp.285-308。

④ 原文未加注，中译参阅约翰·穆勒：《论自由》，第 89 页。——译注

因此,密尔并不认为,如果一个人有一种利益,他就"因此"而有了一种权利。他提到"某些利益",这意味着唯有某些利益可以产生权利,但究竟是哪些利益呢?为了把利益与"主观随意的愿望、稍纵即逝的喜好、变化无常的需求"相区分,①瑞斯强调利益依赖于得到社会承认的价值观与规范。但是这又面临着一个反驳(由沃尔海姆提出②),即经过瑞斯解释的自由原则已经变得具有相对主义和保守主义特征,无法履行密尔希望它履行的批判功能。涉己领域的边界将取决于当前主流的利益观,只有当对自由的法律限制落后于不断变化的人类利益观时,自由原则才能扩大自由。如果瑞斯的论述可以被解释为使人类利益依赖于社会承认,那么沃尔海姆对瑞斯的反驳就是有力的;毫无疑问,一种具有如此彻底的相对主义色彩的利益观不可能符合密尔的意图。不过,我们无须主张利益完全不会随着社会和历史的变化而变化,也可以避免这种相对主义。人们的利益可以——事实上也肯定会——由他们时代与文化的环境和标准所塑造,但这并不意味着人们的利益完全依赖于社会的承认,或完全由社会的承认所构成。自由原则本身未必完全具有相对主义的特征,即便其运用具有某种程度上的相对主义特征(这确实是事实)。密尔需要一种普遍主义的利益观,就是说,它要阐明一个对人类幸福来说是不可或缺的领域,但是这种利益观又要有一种发展性或历史性。断言这就是密尔所需要的,并主张(正如我接下来要做的一样)这也是他的著作所包含的东西,并不是要忽视瑞斯的解释中所包含的一个重大洞见,即对密尔而言,道德权利与"某些利益"之间确实存在密切联系。事实上,对密尔来说,道德权利只有根据人们的首要利益或根本利益(essential interests)才能得到界定或辩护。在密尔看来,人基本的道德权利即有权利要求这些利益应受法律与道德习俗的保护。

那么,在密尔看来一旦某些条件得到了满足就要作为道德权利加以保护的那种"根本利益"究竟是什么? 在《功利主义》中,密尔声称:

> 对人类的幸福来说,禁止人类相互伤害(我们决不要忘记把不当

---

① Rees, in Radcliff,前引,pp.101-102.(中译本参阅《密尔论自由》,第72页。——译注)

② Wollheim, "J.S.Mill and the Limits of State Action", *Social Research*, Spring 1973, vol.40, no.1, pp.1-30.

干涉彼此的自由也包括在其中)的道德规则比任何仅仅指出了处理某些人类事务最佳方式的准则——无论这些准则有多重要——都更为重要。

他继续声称:

> 保护每一个人不受他人伤害——不论是他人的直接伤害,还是由于追求自己的善的自由受到阻碍而遭到的伤害——的道德立刻会成为让每一个人本人最为上心的事情,也会成为每一个人最有兴趣用言行去宣传和贯彻的事情。……而正是这些道德构成了正义义务的主要成分。

密尔继续断言:

52　　　　最显著的不正义……便是错误的攻击或对他人滥用强力;其次便是错误地拒绝给予他人应得之物。这两种情况都给他人造成了明确的伤害,要么是直接伤害,要么是剥夺了他有合理理由指望得到的某种物质性益品或社会性益品。

他通过一个概括性的评论总结道:"正义这一名称指的是某些道德要求,这些道德要求整体地看在社会功利的刻度表中处于较高的地位,因此与其他道德要求相比,也设定了更为重要的义务。"①

密尔在这里把一个人存在于自主与安全中的利益(interests in autonomy and in security)作为他至关重要的利益。决不能夸大这一主张对于《论自由》的论证的意义。这些利益便是密尔在那里指出,要被当作权利来保护的"某些利益"。除了某些订立契约的情况——在那里,存在特殊的权利——以及某些紧急情况以外,②当人们不侵犯彼此的自主性且不危及彼

---

① J.S.Mill, *Utilitarianism*, *On Liberty and Considerations on Representative Government*, pp. 55-56,59-60.(中译参阅约翰·穆勒:《功利主义》,第61、64页。——译注)

② 密尔承认,紧急情况可以作为理由来证成对自由的限制,见前引,pp.59-60。

此的安全时,这些利益就得到实现了。除非这些至关重要的利益面临危险,否则,任何旨在阻止人们自我伤害或旨在强迫他们施惠他人的行动计划都无法得到证成。在《论自由》中作为导论的那一章,当密尔诉诸"作为一种不断进步的存在的人类之永恒利益"时,密尔所指的正是这些利益,它们在密尔自由理论中的作用类似于基本益品在罗尔斯正义理论中的作用。这些至关重要的利益应该先于一个人可能具有的其他任何利益得到保护;我们决不能仅仅因为侵犯或损害它们似乎可以实现总体偏好的更大满足就侵犯或损害它们。密尔在《孔德与实证主义》中的主张就有这个意思,他声称:"每个人都要把追求自己个人目标的行为限定于一定的界限之内,这些界限必须与他人的根本利益相一致。"①密尔确实持有一套关于根本利益或至关重要利益的理论,这是无法加以合理质疑的。或许仍然可以反驳说,到此为止,还没有提出任何理由来支持下述主张:这些利益就是存在于安全与自主当中的利益;更没有表明密尔那里有好的论据来支持下述做法:当存在于自主当中的至关重要利益与安全的要求相冲突时,要赋予前者以优先性。如果我们不知道密尔对这些至关重要利益之重要性与范围的论述,我们就还没有抓住他从功利到自由原则的论证之结构。

因此,在解释密尔的道德权利理论时所遇到的一个主要困难,也是在确定自由原则的说服力时所遇到的一个主要困难,就是确定人们存在于安全和自主当中的至关重要利益到底包含了些什么。因为,除非可以清楚地区分这些利益与其他人类利益各自的范围,否则,自由原则将无法以密尔所希望的方式指引行为。我们可以认为,与密尔伤害概念有关的困难在这里又出现了。更根本而言,当讨论功利原则向行为施加的要求之本质时,我采用的策略是,为了我的解释的目的,假定密尔的功利主义确实包含了一种功利最大化的承诺。在这样做时,我坚决放弃另外一种策略,即否认最大化要么是一种合理的价值理论的理性要求,要么是一种合理的价值理论的道德要求。现在我们可以指出,我到此为止所描述的密尔关于道德权利的论证的逻辑当中存在的两个重大的费解之处。首先,有什么理由认为人们的至关重要利益比其他所有利益都更为重要?当某些利益——无论这些利益是如

①　J.S.Mill, *Utilitarianism*, *On Liberty and Considerations on Representative Government*, p.406.

何至关重要——与其他利益不可两全,而保护其他利益能够带来功利的净值时,一种最终诉诸普遍福利的理论如何能抵制在这些利益之间进行权衡取舍? 其次,有一点根本不清楚,即我们到此为止已经令人满意地区分了至关重要的利益与其他利益;就是说,我们到此为止还没有以任何一种可以接受的方式框定涉己领域。

在试图回答第一个问题之前,或许有必要再看看人的根本利益(essential interests)或永恒利益这个范畴可以包含些什么。我已经指出,在密尔看来,这些至关重要的利益或根本利益就是每一个人存在于自主性与安全当中的利益。但是用这些术语来表达的利益到底包含些什么? 对于存在于安全当中的根本利益,我们不难弄清密尔希望我们如何理解它。谈到"极为重要且令人印象深刻的那种功利,那种功利我已经有所涉及(在道德权利受到威胁的情况下)",密尔继续指出:①

> 所涉及的那种利益便是安全,每个人都会把它看作是所有利益中最重要的。世间其他所有利益都可以为一个人所需而不为另一个人所需,其中的许多利益,即便是必要的,也可以为人满不在乎地放弃,或由其他某种东西代替,但是安全是没有谁可以不要的;我们要免除祸害,要长久地享受所有益品的全部价值,全靠安全;因为如果我们随时都有可能被任何一个暂时比我们强壮的人夺取任何东西,那么,对我们来说有价值的东西就只有当下的满足了。

这一段话和与《功利主义》放在一起出版的论著中最后那篇里的一些段落都表明,密尔主要是根据既定预期的可靠性来思考安全的。侵犯一个人的法律权利,违背诺言或契约,无论是专制暴政还是弱政府都具有的那种普遍不确定性——在所有这些情况下,预期都要面临不可预测的落空,在密尔看来,这种落空相当于在侵蚀对安全的道德权利。无疑,有人立刻就可以指出,如果这就是安全的全部内容,那么任何一个生活在一个稳定社会的人

54

---

① J.S.Mill, *Utilitarianism*, *On Liberty and Considerations on Representative Government*, p.50. (中译参阅约翰·穆勒:《功利主义》,第55页。——译注)

都会拥有安全,无论那个社会还具有其他什么特征。这种说法也不算错,不过需要做出两点限定。首先,历史上的稳定社会在数量上很可能比那些提出这种质疑的人所想象的要少。尽管如果用安全这条标准来衡量,大量社会秩序都属于稳定的社会秩序,但这条衡量标准并非如此之低,以至于任何社会秩序都可看成稳定的社会秩序。其次,必须指出,对于人身安全和财产安全到底包含些什么这个问题的看法,密尔无疑遵循了边沁的观点。他认为,出于一些与功利的前提条件有关的理由,下述说法是理所当然的:人身应该受到可靠的保护,从而免遭来自其邻人的身体攻击,免遭没收财产,免受任意逮捕,等等。如果有很好的、基于功利的理由将这些更具实质性的要求施加于安全这一衡量标准之上(确实有这样的理由),那么满足这条更严格的衡量标准的社会在范围上将大为减少。还可以进一步指出,尽管这种意义上的安全为社会施加了一个更为严苛的衡量标准,但也正是因为这种原因,它是一条得到运用的更具限制性的标准。一旦承认了这样一个安全概念,密尔就可以正当地否认某些人——比如传统主义者或道德保守主义者——的主张,对那些人来说,任何社会变革都将侵犯他们对安全的道德权利。

如果说阐明安全的要求并不存在根本的困难,那么无可否认,对自主性的道德权利所面临的情况则不同。毕竟,除了在一封与一个记者的通信中以外,①密尔从来没有在《论自由》的论证中使用过"自主性"这个术语。当我们很勉强地试图赋予密尔的论证一种它本来没有的融贯性时,我们似乎在把一种观念强加于密尔。这种印象具有误导性。显然,密尔在《论自由》中为自由——这里所理解的自由既包含了道德义务与法律义务的不存在,又包含了武力和强制现象的不存在。当然,密尔是将国家所使用的武力与强制同道德义务与法律义务未得履行时进行惩罚相联系的——辩护时,在一定程度上是通过指出自由有助于另一种行动自由来辩护的。这便是我称为"自主性"的那种行动自由,它因为密尔所谓的"道德强制"而减少,并为暴虐的公共舆论所破坏,他遵循托克维尔,认为这种暴虐的公共舆论存在于

55

---

① F.E.Mineka and D.N.Lindley(eds), J.S.Mill, *Later Letters*, University of Toronto Press, 1972, vol.XVII, pp.1831-1832.

美国民主当中。关键在于,与安全不同,对自主性的道德权利不是为所有人拥有,而只是为那些拥有某种最低限度的自主行为能力的人所拥有:它只在我所谓的密尔分层次的功利主义的第三个层次上发挥作用。正如密尔在《论自由》第三章讨论个性时所表明的一样,自主性当中真正重要的是在形成并实现一系列生活计划的过程中所运用的那些能力。在密尔对道德权利所作的功利主义解释中,自由的优先性在一定程度上源于它与自主性在概念上和经验上的联系。自主性指的是从事自我批判的选择与富有想象力的选择所必需的能力与机会,罗列在《论自由》导论性的那一章当中那些古典自由主义的自由,全都可以被认为是自主思考与自主行动的能力之运用所不可或缺的。由于自由与自主性之间的联系,自由在密尔的学说中变成了幸福的一个必要构成要素,而不仅仅是在因果上有效的、实现幸福的手段。

我们可以看到,从密尔对自主性这个概念的使用来看,自主性指的是一个具有两面性的观念。事实上,在从卢梭和康德到洪堡和托克维尔,从而到《论自由》的整个传统中,自主性概念都是如此。比如,与斯多亚学派中很流行的那种视自由为自决的自由观不同,自主性既可以因为他人的干涉而减少,也可以因为个人内心的弱点(比如意志软弱、缺乏想象等等)而减少。古典自由主义的结社自由、思想与表达自由对密尔来说之所以有价值,既因为它们是自主性的必要构成要素,又因为它们是有用的条件,总体上可以提升自主性。因此,尽管自由和自主性事实上具有内在联系,但它们并不是相互构成的;密尔声称存在于它们之间的那种联系在很大程度上既可以得到经验的支持,也可以得到经验的破坏。

56　　　关于密尔的自主性概念,还有必要指出一点。对密尔来说,以及对大多数持有这样一种行动自由概念的人来说,自主性意味着要根据一个人当前的价值观、方案与生活计划行动。因此,尊重一个人存在于自主性当中的至关重要利益有时候可能意味着,允许他去追求一些其实现将会彻底损害他的终身利益的目标。这是一个不可避免的结论,要想避免这个结论,就只有采取一种欺骗性的策略,即赋予每个人在自主性中的利益以无限的重要性(密尔没有采取这种策略)。对于这个方面,我将在第五章开始考虑密尔对父爱主义(paternalism)的讨论时更系统地处理。在这个阶段,我只想指出,我赋予自主性概念在密尔对自由所作的论证中的那种作用,要是放在我归于密尔身上那种哲学心理学语境当中的话就很容易理解。毕竟,密尔主张,人们不是为了将来的快乐而行动,而是因为他们当下就在头脑中把行为与快乐或痛苦相联系。这样,对密尔来说,尽管自主性确实需要一系列的能力和性格特征,这些能力和性格特征可以作为一条标准用来衡量我们渴望获得的成就,但自主性是幸福的一个理想的构成要素,它深深地植根于人类行为的本性当中。正如只要规则得到了遵循,最弱形式的安全就会存在一样,只要人们带着目的去行动,自主性就会存在。尽管带着目的去行动这样的说法被人们以"描述的方式"使用,但这种说法也被用来表示,人们在实现他们打算去做的事情方面获得了成功;如果密尔用"自主性"来指代作为社会自由之典范的那种行动自由,那么在密尔那里,这种说法就有了后面这种意思。事实上,密尔的主张是,一旦实现了拥有和运用安全权利的必要条件,自主性就构成了幸福的一个越来越有价值的构成要素。当然,以这样一种直截了当的方式陈述密尔的主张立刻会引起一些困难,这些困难涉及自主性的要求与安全的要求之间发生冲突的可能性。因为,尽管这两种至关重要的利益可能并非完全不同,但它们也并非完全不可分离。至少,不同的政策对存在于自主性中的利益和存在于安全中的利益可能具有不同的影响,即便它们对二者都具有促进或保护作用。不过,我要把这些困难留到最后一章来处理,在那里,我要把自由学说作为一个整体加以评价。

我已经指出,密尔的功利主义是多元主义的,在结构上讲是分层次的,而且我已经简要说明了存在于安全和自主性当中的至关重要利益在这个等级体系中处于什么位置。现在我想指出,如果我们把密尔在《论自由》和《功利主义》最后一章提出的至关重要利益理论与他在《逻辑体系》中对社会稳定必要条件的讨论相联系,那种至关重要利益理论就会更为合理。在《逻辑体系》中,我们发现,密尔以一种与哈特在《法律的概念》①中关于"最低限度内容的自然法"的论证相似的方式主张,某些规则与惯例对于任何社会的稳定和存续来说都是不可或缺的。《论自由》中"伤害"这一术语的使用与规则相联系,因为密尔所关注的、伤害所发生的主要情境往往可以被说成是包含了对某些规则——即对社会的稳定和存续来说是必要的那些规

①　见 H.L.A.Hart, *The Concept of Law*, Oxford, Clarendon Press, 1961, pp.189-195。

57

则——的违背。用密尔在《功利主义》中的话说："一个人能够认识到，他自己与他所属的人类社会之间存在着一种利益上的一致性，因此，任何威胁到一般社会成员安全的行为也威胁到他自己的安全。"①我已经指出，尽管并不是所有社会都能够满足密尔心里那种关于安全的要求，但是也有很多社会能够满足，其中很少有接近于密尔所设想那种自由主义社会的。那么，密尔如何才能缩小这个领域，从而使得唯有某些社会仍然留在这个领域当中，在那些社会中，自然法的最低限度条件得到了满足，而且对自由的主张（the claims of liberty）得到了尊重？只有当体现在他关于人的理论中的心理学主张和历史主张被承认具有合理的基础并有可能是正确的时，密尔学说中的这个领域才能被缩小。我在本书下一章要考查的正是这些主张。在对密尔自由学说的基础——这种基础存在于他对人的看法当中——进行有益的考查之前，有必要再次审视他的自由原则，看看我们是否已经消除了它的含糊性，是否已经正确地找到了它在密尔整个学说中的地位。

2. 自由学说中的自由原则

自由原则告诉我们，唯有阻止对他人的伤害可以证成对自由进行限制。在本章第一节，我已经尽力阐明了在密尔的原则中发挥作用的那种伤害概念。我主张，"对他人的伤害"最好被理解为"对他人至关重要利益的损害"，这些至关重要利益包括了存在于自主性与安全当中的利益。自由原则中有一个含糊的领域我还没有讨论，也不会在这里来考虑，那个领域之所以产生，是因为密尔偶尔承认，可以证成限制自由的不仅有对他人的伤害，而且还有这种伤害的可能性。把概率的计算引入这个原则的运用会极大地增加其困难，但是我并不认为把受到威胁的至关重要利益连同受到损害的至关重要利益一道包括进来的做法本身是不合理或无根据的。自由原则还有另外一个含糊的领域，从表面上看，它更为棘手。这个含糊之处就在于究

58

---

① J.S.Mill, *Utilitarianism*, *On Liberty and Considerations on Representative Government*, p.48. （中译参阅约翰·穆勒：《功利主义》，第52页。——译注）

竟如何解释它:它到底是一条仅仅为了阻止有害行为才允许限制自由的原则呢? 抑或是一条为了阻止伤害而允许限制自由的原则? 根据第一种也是更为严格的解读,只有当一个人的行为损害(或更温和地说,危及)了他人的至关重要利益时,才可以限制他的自由而不失为正当。根据第二种解读,即便一个人的行为根本没有影响到任何人,只要对他的自由进行限制阻止了他人遭受伤害,就可以限制他的自由而不失为正当。密尔的一些新近解释者当中有的人认为,有很多问题都取决于我们到底把密尔的自由原则解读为一条有害行为原则还是解读为一条一般性的阻止伤害的原则,至于哪一种解读可以得到最好的支持,他们还在继续争论。

我倾向于赞成莱昂斯而反对布朗,我认为,密尔把他的原则理解为一条阻止伤害的原则而非一条有害行为原则,不过我不太关心如何为这种解释作论证。[①] 这场争论并未涉及我们在解释密尔自由学说时所遭遇的困难的实质。无论根据哪一种解释,自由原则都非常清楚地禁止为了普遍福利而限制自由,而且,从功利原则推出这样一条原则的做法所存在的问题仍然是我在本书第一章所指出的那个问题:功利原则如何能够支持这样一条准则,当涉及限制自由时,这条准则反对把幸福的提升作为行动的一条理由? 我们再次发现,无论是以这两种方式中的哪一种方式来解读密尔的自由原则,价值最大化与价值公平分配之间的冲突——我将它看作密尔学说所面临的另一个重大困难——都会出现。对于将它解读为一条阻止伤害的原则这种更为宽松的解读来说,它似乎是一个更为严重的问题,不过,对于那种更为严格的解读来说,它仍然是一个重大的困难。以宽松的方式解释密尔的原则会导致一个显而易见的问题,即能够最有效地将伤害最小化的做法可能并不是最公平的:它提醒我们,将伤害(或痛苦)最小化的消极功利主义策略未必就比将幸福或利益最大化的积极策略更为公平。但是,对这条原则做更严格的解读也会出现同样的困难。因为,根据这种解读,即便一种非常小的伤害也可以证成自由的大量减损,而且这种减损有可能会以非常不公平的方式落到人们的头上。诚然,把自由原则解读为有害行为原则这样一

59

---

    ① C.L.Ten 对于有关自由原则之说服力的争议提出了有利的说明,见他的 *Mill on Liberty*,Oxford,Clarendon Press,1980.

种严格解读有一个重大优势，即除非对他人造成了伤害，而且在对他人造成伤害之前，所有人都享有同样的最大限度的自由权（right to liberty）。由于它不承认任何限制自由的理由，除非出现了对他人的伤害，自由原则预设了那条规定最大可能的平等自由的古典自由主义原则。因为，如果这条原则得到了接受，就没有人可以削减他人的自由，除非可以用阻止伤害来证成这种削减。然而，一旦跨过了阻止伤害这个门槛，限制自由在原则上就是可以允许的，而且到此为止我们还没有提出任何理由来说明我们应该追求对限制的公平分配。因此，即便根据这种严格的解读，一旦用来防止通常的最大化策略的门槛被跨过，功利与公平之间的冲突就会再次出现。最后，我认为，无论采用哪一种解释，我们都依然会面临如何从功利主义推出密尔的原则这样一个困难。对于用损害至关重要的利益来解释伤害，我们到此为止所提出的观点都可能会被接受，但自由原则到此为止仍然可能遭到驳斥。因为一个人可以赞成安全与自主性是人们最重要的利益，应该被置于其他所有利益之上，同时却反对向保护和提升这些利益的最有效策略所施加的这种明显很弱的约束，自由原则就构成了这样一种约束。因此，无论我们对它做宽松的解释还是严格的解释，自由原则都会存在一个问题，即我们仍然需要从功利主义推出它，而且，即便我们做到了这一点，我们似乎仍然需要用一条独立的分配原则来补充它。这些问题如何解决呢？

密尔的自由学说所依赖的一系列联系中的第一种联系是保护至关重要利益与尊重道德权利之间的联系。《功利主义》最后一章的要点是，道德权利建立在至关重要利益的基础之上，且正义本身关注的是道德权利的保护。应该顺便指出的是，密尔并不太清楚，正义的要求是否仅仅是保护权利，而且他回避了一个问题，即正义的义务有时候是否会被其他道德义务压倒。在本章下一节末尾，我将把这些困难放在密尔自由学说中的公道（equity）观的语境中加以简要考虑。除了这些复杂的问题以外，密尔在《功利主义》最后一章的论点是，功利要求我们采纳一条近乎绝对的、与尊重道德权利有关的原则。在《功利主义》中找到并得到最重要承认的那种道德权利建基于存在于安全当中的利益，而在《论自由》中，最重要的是存在于自主性当中那种至关重要利益。然而，无论在哪一份文本中，我们都可以清楚地看到，密尔的观点是，功利原则本身要求采纳一条与保护道德权利有关的、重要的(但并非无限重要)边界约束原则。

我们只有乐于承认至关重要利益理论的可靠性,才能得出,这条边界约束原则就是自由原则。同样,我们只有乐于承认提升福利的直接策略是自我挫败的,自由原则才能建立在至关重要利益理论的基础上。在这里,密尔似乎想像阿马蒂亚·森①一样,区分开向我们可以在实践慎思中考虑进去的因素施加信息约束(informational constraints)的原则与其他更为基本的原则。把《论自由》与《功利主义》放在一起来看,密尔的观点似乎是,如果我们直接以保护和促进至关重要利益为目标,我们就不能最好地实现这个目标。在体现于自由原则的策略中,我们可以找到最好的机会,这个策略就是,只有当他人的至关重要利益面临危险时才削减自由。但是这条原则在作为一个整体的自由学说中到底发挥什么作用呢? 尽管我没有那么极端,以至于主张自由原则以密尔正义理论的其余部分为前提,但我想主张,在讨论至关重要的利益以及讨论建立在至关重要利益之保护基础之上的道德权利时,就已经阐明了阻止伤害的意义,密尔在《功利主义》最后一章正是在进行这种讨论。如果密尔著作中的这种联系被承认是可以理解的、合理的,我们就会明白为什么密尔会认为下述做法可以从功利主义角度来辩护:把功利主义行动计划限定于阻止伤害,把阻止伤害限定于对至关重要利益的损害。事实上,密尔间接功利主义主要的吸引力就在于,它导致了一种正义观,这种正义观恰恰可以从这些角度加以捍卫。

在试图更系统地阐明自由原则与密尔的正义理论之间的联系之前,有必要反驳对密尔理论之道德合理性的一条常见质疑,我认为可以很容易地表明,这条质疑建立在一种简单的误解之上。这便是由布朗清楚而有力地提出的那条质疑,即"除了避免伤害他人,我们还有义务帮助他们;可以正当地要求我们履行这样的义务,这在我们作为公民和纳税人的角色中是很常见的;而密尔的主要原则并不允许这样的要求。"②甚至那些不接受布朗把自由原则解读为有害行为原则的做法的人也提出过布朗这样的质疑;因为,难道我们除了阻止伤害以外,就没有其他义务,这些义务事实上还包括

61

---

① 见 A.K.Sen,"Informational Analysis and Moral Principles",in Ross Harrison(ed.),*Rational Action*,Cambridge University Press,1979,pp.115-132.

② D.G.Brown,"Mill on Liberty and Morality",*Philosophical Review*,1972,vol.81,p.135.

帮助和施惠他人? 这里,我不想考虑密尔本人处理过且不是其批评者主要抨击对象的情况,在那些情况下,不作为(omission)本身就可以被看作有害的。除了这样的紧急情况或乐善好施(Good Samaritanism)的情况以外,帮助他人过上最好生活很有可能被认为是可欲的,甚至可能被认为是道德上必须履行的义务。一旦这样的帮助不是采取自愿的形式,自由原则不是就阻碍了这样的帮助吗? 自由原则不是会谴责国家或政府机构在不涉及阻止伤害的情况下帮助或施惠民众的努力吗?

在这一点上,很有必要指出密尔在《论自由》最后一章的评论,即他已经①

> 把与政府干涉之限度有关的大量问题留到了本文的最后,这些问题尽管与本文主题密切相关,但严格说来并不在本文主题范围之内。有时候,反对干涉的理由并不依赖于自由原则;这个问题并不涉及限制个人的行为,而是涉及帮助他们;我们要问的是,政府是否应该去做一些对他们有益的事情,或者是否应该去促成这样的事情,而不是听凭他们自己单独或自愿联合去完成。

这段话的重要意义在于告诉我们,反对干涉的理由并非基于自由原则,而是基于其他更广泛考虑,即总体上的有利性(general expediency)。密尔继续主张说,通常,最好让人们自己动手,政府或国家不要出手相助,否则往

62

往会挫伤人们的主动性与活力。然而,这些出于有利性的考虑并不支持对积极的政府施惠行为或帮助行为进行一种近乎绝对的禁止,而且在《论自由》中密尔也从来没有说过这种考虑支持这样的禁止。密尔在《论自由》中提到,并在《政治经济学原理》相关章节做了详细辩护的政府不干预社会生活这条原则,被他说成是一条权宜的结论(a conclusion of expediency),一条可错的经验法则,其运用要视时间、地点和环境而定。简言之,它并不具有自由原则所具有的那种严格性与分量。如果我们回忆一下密尔在《政治经

① J.S. Mill, *Utilitarianism, On Liberty and Considerations on Representative Government*, pp. 163-164.(中译参阅约翰·穆勒:《论自由》,第130页。——译注)

济学原理》中做出的政府权威的命令式运用和非命令式运用之间的区分，理由就显而易见了。密尔在那里说道：①

> 我们必须区分开两种政府干预，这两种干预虽然都与同一问题有关，但所具有的性质和带来的结果却有很大不同，而且其证成所要求的动机的紧迫程度也不同。政府干预可以扩展到对个人自由加以限制。政府也可以禁止所有人做某些事情，或规定没有它的允许就不能做某些事情；也可以规定所有人必须做某些事情，或规定必须以某种方式做那些可做可不做的事情。这就是所谓命令式的（authoritative）政府干预。还有另外一种非命令式的干预：政府不发布命令并用惩罚来强制实施，而是采用政府很少采用的一些做法，其中可以运用的重要手段包括给予劝告或发布信息；或者，让个人自由地运用他们自己的手段去追求任何能带来普遍利益的目标，政府不插手，但也不是把这一目标完全托付给他们，而是也设立它自己的机构与他们的安排一道来完成一个同样的目的。……
>
> 读者甚至一眼就可以看出，同非命令式的政府干预相比，命令式的政府干预所具有的正当活动范围要小得多。在任何情况下，它都要求一种更强的必要性才能得到证成；与此同时，在人类生活的很多领域，必须毫无保留地、无条件地排除它。

因此，命令式的政府机构本质上是禁止性的或强制性的，包含了对自由的限制，而非命令式的行为并不涉及强制或对自由的限制，除非为了提高国家税收有必要如此。我这里提出的观点是，密尔之所以提出自由原则，只是为了控制他之前所谓的"命令式"政府行为，对于不涉及侵犯自由的政府行为（除了征税权力已经蕴涵的对自由的侵犯以外），无论那种政府行为是为了他人的利益，还是仅仅为了阻止对他人的伤害，自由原则都只字未提。因此，密尔在《政治经济学原理》中确定了大量与阻止伤害无关且可欲的国家

①　J.S.Mill, *Principles of Political Economy*, bk Ⅴ, ch.Ⅺ, sects.1-2.（中译参阅约翰·穆勒：《政治经济学原理及其在社会哲学上的若干运用》下卷，胡企林、朱泱译，商务印书馆1991年版，第530页。——译注）

行为,后来又提出了他的自由原则,这二者之间没有任何矛盾之处。因为自由原则只关注对自由的削减,任何一种国家行为只要发生在命令式行为领域之外,都没有违背自由原则。

3. 自由学说中的功利、正义与社会合作的条件

在这项研究一开始,我就正视了针对功利主义道德权利理论的一条根本性质疑。对个人道德权利的坚定承诺如何与肯定普遍福利的压倒性要求相容？毕竟,道德权利通常被认为比普遍福利的要求更为重要,换句话说,人们通常认为道德权利为追求功利的行为施加了一些道德约束。密尔本人在《功利主义》最后一章暗示了这个问题:"所以我认为,拥有一项权利就是拥有一种东西,对于那种东西,社会应该保护我对它的拥有。如果反对者继续追问,为什么社会应该保护我对它的拥有,那么我能给出的理由唯有普遍功利。"①如何反驳这一根本性的质疑呢？

如果密尔的一个想法——即直接诉诸功利具有自我挫败的效果——是正确的,而且他用来支持下述主张——即这种自我挫败效应为我们把一条边界约束原则而非功利原则作为文明社会中限制自由的支配性原则的做法提供了一条功利主义理由——的论证又是有说服力的,那么这条质疑就可以得到反驳。这里所说的边界约束原则就是自由原则,这一点要想得到辩护,我们就必须乐于承认密尔人性观的可靠性。

正如我已经评论过的一样,显而易见,如果自由原则被解释为"它禁止限制自由,除非对至关重要利益的损害(从而对道德权利的侵犯)即将发生",那么,根据同样的理由,通过干预来限制自由以便以某些人的利益为代价来满足另一些人的利益这种做法也是要禁止的。对安全与自主性的道德权利应该平等的分配这一要求并没有为自由原则增加些什么,因为自由原则(与功利原则不同)事实上预设了这一要求。如果(就像我之前已经主

---

① J.S.Mill, *Utilitarianism, On Liberty and Considerations on Representative Government*, p.50.
(中译参阅约翰·穆勒:《功利主义》,第55页。——译注)

张过的一样)要以这种方式把自由原则理解为一条边界原则,它禁止在至关重要利益与其他人类利益之间作权衡取舍,那么如何能表明这条原则源自一条功利原则呢(我还没有对功利原则的最大化含义提出争议)? 密尔自己对这个问题的看法不应受到质疑。在《桑顿论劳动及其权利》(*Thornton on Labour and Its Claims*)①中,密尔声称:

> 桑顿先生似乎承认,普遍的幸福是社会美德的标准但并非积极义务的标准,就是说,不是严格意义上的正义与不正义的标准。他认为,他的学说之所以不同于功利主义伦理学家的学说,正是在于它区分了这两种观念。但事实并非如此。功利主义道德完全承认积极义务与美德在范围上的区分,却坚持认为,二者的标准与规则都是普遍利益。从功利主义的观点来看,二者的区别如下:有很多行为,还有大量的克制(forbearances),所有人不断的践行那些行为与克制对于普遍福利来说是如此之必要,以至于必须以强制的方式让人们如此,无论是通过法律来强制还是通过社会压力来强制。这些行为与克制构成了义务。在这些界线以外,人们的行为会以各种各样的方式促进或阻碍他人的利益,但是总体而言,把这些行为留给人们自由选择,让他们仅仅出于赞扬和荣誉的鼓励才去做一些有益的行为(如果仅仅考虑这些行为带给他们的利益的话,他们是不会去做这些行为的),这是符合普遍利益的。这个更大的领域就是功德(Merit)或美德(Virtue)领域。

还有,在《孔德与实证主义》②的一段话——我已经引用过其中的一部分——当中,密尔说:

> 每个人都要把追求自己个人目标的行为限定于一定的界限之内,这些界限必须与他人的根本利益相一致。确定这些限度正是伦理学的本职工作;而惩罚与道德谴责的固有职责便是让所有人都不要越

---

① 这段话重印于 G.L.Williams(ed.),*John Stuart Mill on Politics and Society*,London,Fontana,1976,p.309。

② J.S.Mill,*Utilitarianism*,*On Liberty and Considerations on Representative Government*,p.406.

界。……这些制裁的固有职责便是强迫每一个人去做某些行为,要想给予其他每个人他们自己的公平机会,那种行为是必要的:那种行为主要就在于不要去伤害他们,不要阻止他们去做任何利己而不损人之事。

而且,在评论乔治·康沃尔·路易斯(George Cornewall Lewis)的书《政治术语的运用与滥用》(*The Use and Abuse of Political Terms*)时,密尔说道:①

> 无论一个人在自然状态下有什么义务,都不要为了一己之利而加害于人,社会对其每一个成员也负有同样的义务。如果他伤害或妨害了他的任何一个同胞公民,他们为了自卫而不得不做的任何事情所造成的后果都会落到他头上;但是,如果每当一个人恳请政府善待整个共同体时,政府都使得他即便生活在有政府的状态下总体而言也是一个受损者,反而在无政府状态下会过得更好,那么政府就失职了。这是在社会契约理论和人权理论中以一种粗陋而不熟练的方式隐隐约约被暗示出来的真理。

这些段落可以作各种各样的解释,但是有几条主张非常清楚地显露出来。密尔似乎认为,诸如他的自由原则这样的实践道德原则在一定程度上具有为社会合作设定条件的作用。功利原则本身被认为不适合去发挥一条公共原则或实践原则的作用,不仅由于其价值论特征,而且因为它会施加给社会成员一些要求(要求他们牺牲自己的至关重要利益),他们难免会认为这些要求不合理,而且这些要求也必然会妨碍社会联合的稳定性。和罗尔斯一样,密尔也认为,一条为社会合作设定条件的原则如果由于某些有关人性的一般性事实的缘故而不能产生社会稳定与对公共制度的忠诚感,就是不合格的原则。密尔的猜想是,尽管功利原则因此是不合格的原则,但自由原则满足这条要求(因而可以被表明在其他很多方面都会产生幸福)。因

---

① 转引自 D.G.Brown, *Dialogue*, 1973, vol.XII, no.3, pp.478-479。

此,密尔主张把自由原则作为一种对行动计划的最大限度约束(maximising constraint)。尽管他本来可以不用这样的词来表述它,但密尔的陈述背后的直觉观念是,相对于直接和不受约束地去追求功利,行动计划受到自由原则约束的话,可以带来更高的功利最大值。这样一种最大限度约束观念可能听起来很难理解或者很反常,但它并非不连贯,而且如果我们承认直接追求幸福总体而言是自我挫败的,那么它就有其合理性。

66

弄清楚这些段落以及类似段落中没有主张什么,这一点很重要。密尔并没有说唯有旨在推翻强制的强制才是正当的。他在这里并没有支持一种受下述原则支配的行动计划,即只有为了自由之故才限制自由。他含蓄地承认,正如他在《论自由》中所明确地承认的一样,可以为了阻止伤害而正当地限制个人自由。而且,尽管他谴责某些政策,那些政策导致一个人的生活总体而言比处于无政府状态下还要糟糕,即便可以合理地认为那些政策可能会带来最大的总体福利,密尔也谴责它们,但是,密尔并不认为任何人的道德权利都是可以侵犯的。当拒绝侵犯一项道德权利会导致道德灾难时,诺齐克摇摆不定,[1]而罗尔斯的学说明确允许一般的正义观下对自由的侵犯。[2] 相反,密尔认为,像他的自由原则这样的原则是用来评价行动计划的公共原则与实践原则,任何人只要意识到自己对自身利益的持续偏袒会使得直接诉诸功利的做法无法支持一个稳定的社会联合,都把他的自由原则作为一条这样的原则接受下来。在这一点上,密尔的学说类似于里根(Regan)所发现并加以捍卫的那种合作功利主义,里根认为它是唯一一种承认道德行动者通过行动来产生一些后果时具有平等性和相互依赖性的后果论。[3] 密尔的自由学说还具有一个康德主义和罗尔斯主义的方面,因为它所要求的社会合作条件包括了对至关重要利益的保护,这一点被认为是稳定的社会联合的最低条件,但并不包括通过一些涉及限制自由的手段去积极提升社会福利。他的自由学说具有这样一个康德主义和罗尔斯主义的

---

① R.Nozick,*Anarchy*,*State and Utopia*,Oxford,Blackwell,1974,p.30(footnote).(中译见诺齐克:《无政府、国家与乌托邦》,何怀宏等译,中国社会科学出版社1991年版,第38页。——译注)

② J.Rawls,*A Theory of Justice*,Oxford University Press,1972,pp.62-63.

③ D.H.Regan,*Utilitarianism and Cooperation*,Oxford,Clarendon Press,1980.

方面,因为它所包含的自由原则只有当侵犯自由可以促进对道德权利的保护时——根据自由原则更严格的版本,只有当有人已经违背了不侵犯他人原则时——才允许侵犯自由。即便密尔的学说容许一种权利功利主义,① 它也禁止(除了在极端情况下以外)用权利来交换其他利益。

我们还面临一个问题,即自由学说是否需要一条公道原则(A Principle of Equity),是否确实为它留有空间,这条原则不同于自由原则,且独立于自由原则。当密尔告诉我们说每一个人"为了保卫社会及其成员而应该付出的劳动和牺牲"应该由"某种公道原则"来决定时,②他大概就是暗指这样一条原则。似乎足够清楚,自由学说如果缺乏这样一条原则,就不能很好地指引行为,但是对于究竟如何设计一条公道原则,密尔没有在任何地方给我们任何指导。为了阻止多少伤害必须限制多少自由,对于这个问题,密尔需要一条准则来指导我们。在这方面,说自由学说没有提供任何指导是不公平的。它禁止侵犯至关重要的利益,包括存在于自主性当中的利益,除非是为了预防灾难,因此在所有正常情况下,它都保护了一种普遍的最低限度福利。而且,通过保护存在于自主性当中的至关重要利益,自由原则本身也维护了一定程度上的平等,因为自主性排除了支配关系。这些固然不是非常确定的指导,但是密尔可能认为,他的公道原则事实上无法加以非常精确的规定。无论如何,显而易见的是,密尔致力于把这样一条公道原则作为功利原则的另外一个衍生物。如果我把自由原则看作密尔的实质性正义理论主要部分的看法是正确的,那么未加界定的公道原则在这种理论中将发挥补充自由原则并使自由学说得以完满的作用。

因此,自由学说似乎包含了一些与功利原则和自由原则不同的原则,但是就像自由原则一样,任何这样的附加原则都被作为功利原则本身的衍生物来辩护。除了我刚才提到的那条(没有言明的)关于公平的准则以外,还有大量证据表明,密尔认为自由原则所允许的阻止伤害为道德义务框定了边界。这样,自由原则就作为了一条关于正义的戒条(a precept of justice),保护着根本利益(单凭根本利益就可以为道德权利奠基),除非涉及对他人

---

① 权利功利主义观念由诺齐克提出,见 Nozick,前引,pp.28-29。

② J.S.Mill, *Utilitarianism*, *On Liberty and Considerations on Representative Government*, p.132. (中译参阅约翰·穆勒:《论自由》,第 89 页。——译注)

的伤害;而且我们也有了一种对道德义务的消极功利主义解释,根据这种解释,道德义务仅仅关注阻止伤害。和"非命令式"干预一样,如果政府的行为旨在援助有价值的活动与冒险而又无损于自由,而这些冒险又无法基于阻止伤害而得到证成,那么密尔必定认为这样的政府行为类似于自愿的私人慈善行为,换句话说,密尔会认为,这样的善行是政府完全可以自行决定的,并非一项确定的道德义务所要求的。

无论是对于道德评价是否总是仅仅涉及道德义务问题的问题(对此我已经有所评论),还是对于正义的要求是否与道德权利的保护具有相同外延的问题,密尔都具有某种程度的不明确性。有时候,密尔几乎希望把道德 68 等同于道德义务,把道德义务等同于正义的要求,把正义本身等同于权利的保护,但是这不可能前后一致地代表他深思熟虑的观点。因为他除了偶尔把分外行为说成是道德上值得称赞的以外,还在《功利主义》中对"完善"义务和"非完善"义务做了一个著名的区分,①他把乐善好施归入道德义务之列,但并非那种源自正义的"完善"义务。而且,密尔似乎想把我前面试图阐明的那种公道原则看作是在表达正义的一个要求,但是不能把它解释为关心权利的保护,因为违背它往往不会对确定的个体之至关重要利益造成损害(即便违背它会有损于阻止伤害的公共制度或实践)。② 尽管在这些问题上密尔不得不说出的看法并非总是很清晰、连贯且有说服力,但其学说中的这些疏忽并不构成致命的缺陷。结合这些主张,密尔的学说认为,尽管唯有对至关重要利益的伤害才能证成对自由的限制,但是普遍利益也要求,在选择阻止伤害的行动计划时,要选择那种对至关重要利益损害最小的行动计划。我认为,这些主张中的第一条明显与《功利主义》最后一章对正义所作的功利主义解释相联系,而第二条是直接从有利性的要求推出来的,这种要求要在关于人类社会生活的一般事实的语境中进行理解。因此,自由学说在一定程度上建立在密尔的正义论基础之上,但他的正义论不是自由学说的全部。

---

① J.S.Mill, *Utilitarianism*, *On Liberty and Considerations on Representative Government*, pp. 46-47.(中译参阅约翰·穆勒:《功利主义》,第50页。——译注)

② 关于"针对公众的"伤害与"针对私人的"伤害,见 J.Feinberg, *Social Philosophy*, Englewood Cliffs, New Jersey, Prentice-Hall, 1973, pp.25-35, 52-54。

把限制自由的行动计划限定于阻止伤害,把阻止伤害限定于不损害根本利益的行动计划,对于这两点,密尔都以功利主义策略做了辩护。这样,自由原则、其前提条件及其蕴涵意义设定了社会合作的条件,而且被看作是可以用功利主义加以辩护的策略性原则。密尔的自由学说借助于其功利主义道德权利理论,而这种权利理论又依赖于下述问题上的一个猜想,即如果要想提升功利,应该采用哪些实践准则。就像他的学说的其余部分一样,它利用了他对人的看法,如果没有他对人的看法,它就缺乏可信度。事实上,有一种对密尔事业的质疑指出,他对人的看法是为适应他那些有倾向性的(partisan)的理想而量身定制的,以便一种人性观无法在他的理论中发挥真正的支持作用。作为对这种质疑的反驳,我想在下一章指出,关于人性和人的发展,密尔提出了一些可以独立地加以批评的心理学主张和历史主张,这些主张在一定程度上支持了他的理论。

69

第四章　密尔的幸福观与个性理论

1. 个性、幸福与高级快乐

　　密尔的自由学说建立在一种人类幸福观的基础上,而这种幸福观又依 70
赖于他的人性观。密尔相信,如果没有自主性与安全,人类所特有的种种幸
福是不可能实现的,这一点无论是在《论自由》还是在《功利主义》当中都是
显而易见的。最完整意义上的人类幸福以一种社会秩序为先决条件,在那
种社会秩序中,至关重要的利益得到可靠的保护,而且文化和道德总体上都
发展到了一定的程度。我希望这些说法在本书前几章已经得到了有力的论
证。我现在想指出的是,《功利主义》中那种高级快乐理论与《论自由》第三
章关于个性的论述之间有一种重要的且被广泛忽视的联系。这种联系体现
在自主选择观念当中,自主选择是任何一种高级快乐的必要构成要素,也是
任何一种体现了个性的活动或生活的必要构成要素。事实上,我想主张的
是,高级快乐学说不仅不像通常所认为的那样荒谬,而且还是自由学说的一
个组成部分。根据密尔“区分了快乐之性质的快乐主义”理论(theory of
qualitative hedonism),高级快乐可见于这样一些生活与活动中,这些生活与
活动的内容在每一种情况下都是独特而特殊的,但是它们必然需要运用一
般而言属于人类的自主思考能力与自主行动能力。正是这些人类所特有
的,但在每一种情况下都是特殊的生活,在密尔看来体现了个性,而且唯有 71
在一个尊重并贯彻自由原则的社会才是对所有人开放的。
　　勾画出自由学说内部的这些联系之后,我们还面临着一些困惑。我们
要知道,在密尔的理论中,自主选择如何与个性发展以及高级快乐的实现相

联系,只有到那时我们才能看到,高级快乐理论是如何支持自由学说的。出于种种理由,我们的任务并不轻松。尽管密尔具有自我批评的倾向,但他的论证中所使用的基本概念很多都不清晰,而且我们也很难碰到他所使用的术语的正式定义。而且,正如我已经指出的一样,他自己并没有使用"自主性"这个术语,我需要支持我的下述主张:一种自主选择概念事实上对《论自由》的论证来说至关重要。我难免要使用一些在密尔看来很陌生的术语和区分,而且不可避免的是,我的解释坦率地讲在本质上是一种对密尔的论证的猜想性重构,而不是对它所作的逐字逐句地解释。然而,尽管我的解释会把一套密尔不熟悉的术语强加给他的著作,但是我认为,它比当前其他任何解释都更好地反映并体现了密尔的一些深层的承诺与关怀。至于这种解释是否有效,我们只需看它是否得出了一种对密尔的论证的合理而融贯的看法。那么,密尔的幸福观如何支持自由学说呢?

如果我们承认了密尔幸福观的抽象性与复杂性,我们就可以开始解决这个问题。尽管密尔多次提到快乐与痛苦的不存在,但他从来不支持一个很粗陋的观点,即快乐是一种与我们行为相伴随的感觉。密尔之所以背离边沁式的功利主义,在一定程度上是因为他意识到古典功利主义道德心理学的诸多不当之处。尽管他继续坚持人性同一的信念(因为他从来没有放弃过下述信念:要想让人的行为可以理解,要想解释人的行为,就要将它们纳入到某种像法则一样的原则之下),但他已经抛弃了启蒙主义所谓人性恒久不变的信念。尽管他断言人类行为学(ethology)(研究性格形成的规律)有一天会弄清楚心灵的法则,但他比休谟还走得更远,休谟承认不断变化的习俗与制度会改变人的动机,而密尔认为人性有一种不可预测的变化与自我改造的潜能。因此,他的人性观与幸福观具有一个根深蒂固的发展维度与历史维度。他的幸福观具有这个历史维度,因为密尔断言,在许多人可以实现最充分的幸福之前,某些一般性的文化成就是不可缺少的。他的幸福观也具有一个发展维度,因为密尔认为道德发展与个人成长具有几个不同的阶段。密尔对这些问题只进行了非常粗略的处理,不过如果在他的著作中看到了这些观念也不足为奇。那么,密尔建议我们如何理解人的幸福呢?

密尔的幸福观是一种分层次的、多元主义的幸福观,因为它把幸福划分为计划（projects）、依恋（attachments）和理想（ideals），它们都体现在大量幸福的人类生活之中。如果我们把密尔在高级快乐与低级快乐之间的区分看作不同的活动类型之间或不同的生活方式之间的区分，而不是不同心态之间的区分，我们就会看到，尽管密尔根本不认为高级快乐对所有人来说都是一样的，但他确实认为它们有一个共同特征，即唯有发展了人所特有的自主思考能力与自主行动能力的人才能获得高级快乐。事实上，密尔并不是认为自主程度高的人必定能幸福，而是认为，自主的思考与行动是享受高级快乐的人的生活的一个必要特征。然而，除了作选择和一种富于想象的对其他生活方式与活动方式的意识以外，自主性还包括些什么呢？

在尝试回答这个难题之前，或许有必要更为详细地审视一下我假定存在于《论自由》的论证与《功利主义》中遭到很多人滥用的高级快乐学说之间的联系。首先，自主选择观念（我将主张，它对《论自由》中详尽阐述的自由人概念来说是最重要的）与《功利主义》中的高级快乐是什么关系？自主选择与高级快乐之间的联系到底是标准上的（criterial）联系呢，抑或仅仅是证据上的（evidential）联系？如果一个人自主选择的东西即可以作为标准来衡量对他来说什么是高级快乐，那么只要他的选择是自主作出的，他就不可能搞错什么是他的高级快乐；如果他的自主选择模式改变了，那么他的高级快乐的内容也必定会改变。另一方面，如果高级快乐与自主选择之间的联系在于，后者为前者的内容提供了证据（evidence），那么对于高级快乐的标准，我们就需要进一步的指导来告诉我们什么是衡量高级快乐的标准。

我想指出，把自主性与高级快乐之间的联系看作标准上的联系与看作证据上的联系这两种看法之间的区分并没有抓住密尔对这个问题的看法的精髓。毋庸置疑，密尔确实认为作选择本身就是幸福与任何高级快乐的一个必要构成要素：一种快乐成为高级快乐的一个必要条件是，它存在于一些特殊的活动当中，这些活动是在人们经历了适当数量的其他活动以后选择的。但是一种快乐成为高级快乐的充分条件是，它体现了快乐所有者的个人本性，而且对他本人来说，正如对他人来说一样，一件事情之所以成为高级快乐，不是因为这是他自主选择的，而是因为这件事具有其他一些需要去发现的特点。密尔在这里的立场是很复杂的。一方面，就像亚里士多德一样，他断言，人是自己性格的创造者。另一方面，毫无疑问，密尔坚持一种浪

73

漫主义的信念，即每一个人都有一个有待自己去发现的本质，而且，如果他是幸运的，他在少数几种生活方式中的任何一种当中都可以体现出这种本质。在他复杂的观点中，密尔似乎认为选择本身在某种程度上是人的幸福生活的构成要素，而且有助于人的幸福生活。对自主选择在人的幸福中的作用所作的这些不同的解释如何被融合进密尔的个性理论呢？

还有另外一个问题。密尔把自主选择作为高级快乐的核心要素，也作为高级快乐在其中得以发现的那些形式的个性或自我发展的核心要素，而且，他否认存在一种发展自我的义务，就此而言，高级快乐显然要用审美的和明智的标准而非道德的标准来评价。无疑，道德生活可以包含一些高级快乐，但是道德的作用是保护并允许人们追求高级快乐，但是它并不要求人们去追求高级快乐。采用自由原则的部分理由在于，一种高级快乐可以在其中蓬勃发展的开放空间（open space）能够因此而得到保证。但是，如果人们并不能就高级快乐达成一致，又会如何呢？比如，假如经过适当的思考和试验后，他们更喜欢一些生活方式与活动形式，在其中，自主选择并不是重要的组成部分，又会如何呢？自由学说是否预设了自由状态是不可逆的、人对高级快乐的偏好是不可动摇的？

2. 自主性、本真性与作选择

为了回答这些问题，我们需要更仔细地审视自主性概念包含些什么。74 我们可以首先回顾一下斯多亚派哲学家所表达的那种视自由为自决的自由观。根据这种观点，当且仅当一个人对向他开放的各种选项进行过理性慎思时，我们才可以说他是在自由地行动。这种视自由为理性的自我指引（rational self-direction）的自由观可以被恰当地用来描述一个奴隶或一个处于强制下的行动者，只要他成功地根据他自己的理性行动计划而行动。视自由为理性的自我指引的自由观可以用来区分两种行动者的行为自由，一种行动者尽管可能出于强制而行动，却仍然表现出理性反思的能力，并且有意志力；另一种行动者既没有意志力，又没有理性的生活计划，就他的某个行为而言却仍然可以被说成是在自由行动，因为他的那个行为没有受到另

外一个人的暴力干预或强制性的干预,换句话说,这种行动者就该行为而言
拥有消极自由。① 因此,我的第一个观点是,一个行动者可以拥有这种消极
自由,却没有理性的自我指引意义上的自由,反之亦然。

　　一种更强的行动自由是由"自治"(autarchy)这一术语来表示的。一个
行动者是自治的(autarchic)是什么意思呢? 根据最近一些讨论中的用
法,②对自治能力的谈论指的是这样一个行动者的行为自由,他在(在广泛
的行为范围内)享有那种既涵盖了不存在暴力又涵盖了不存在强制的消极
自由的同时,又完好无损地运用了一个理性选择者的所有正常能力与力量,
自由即理性的自我指引这种自由概念就是参照这些能力与力量来界定的。
现在我们可以将它与另外一种自由——即自主的人的自由——相区分。那
么我们如何区分自治的行动者与自主的行动者呢? 显然,一个自主的行动
者具有自治的行动者的所有规定性特征:但是,除了在未遭暴力和强制所扭
曲的客观选择环境下运用理性反思能力和意志力以外,一个自主的行动者
还必须在一定程度上让自己远离他所处社会环境中的习俗,并远离他周围
的人的影响。他的行为体现了他自己经过批判反思过程后所认可的原则与
行动计划。

　　显然,与自治相比,我们必须更直截了当地把自主能力看作某种只能获
得(而且永远不能完全获得)的东西,而不是看作一种天赋或遗传之物。

　　如果我们看看在哪些情况下一个行动者没有自主性却拥有自治性,我
们就可以更清楚自治状态与自主状态之间的区分。我们可以首先指出,如
果我们可以发现一个行动者的行为是不能自拔的,基于一些他不能批判性
地评价的欺骗性观念,这些观念使他丧失了在现实世界中的选项作出选择
的能力,那么这个人就称不上是自治的。如果一个行动者的行为受到另一
个人的支配,他可能受那个人所控制,或者被他实施了催眠,或者被他所恐
吓,那么他也不是自治的。对于这样一个行动者,我们可以说他是受制于人

75

────────────────

　　① 我讨论过消极自由,见"On Negative and Positive Freedom", *Political Studies*, December
1980, vol.XXVIII, no.4, pp.507-526。(中译收录于应奇、刘训练编:《第三种自由》,东方出版社
2006年版,第279—331页。——译注)

　　② 见 S.I.Benn, "Freedom, Autonomy and the Concept of a Person", *Proceedings of the Aristo-
telian Society*, 1976, vol.LXXVI, pp.109-130.

的(heterarchic)，是一个不受自己支配而是受另一个人支配的人。对于一个受制于人的行动者，我们可能想说，他作为一个选择者的正常功能已经因为另一个人的干预而被削弱了，因此，他的决定只有在一种不准确的意义上是他自己的决定，事实上则是另外一个人的决定。由于受制于人的行动者的行为不是受他自己的任何意志所支配，而是受另一个人的意志所支配，显而易见，他的行为自由已经被有效地削减了；但是明确地区分开这种丧失自由的情况与行为者因为遭受强制而丧失自由的情况，这仍然很重要。一旦出现了强制，一个意志就屈从于另一个意志了：被强制者不再是一个独立的行动者，因为他的意志已经受制于强制者的意志了。甚至当一个人受强制而行动时，他仍然是自决的(尽管不是自治的)：因为任何有强制的情形都涉及意志之间的冲突，一个人遭受了强制这一主张预设了被强制者保留了他自己的意志，而这种说法对于严格意义上受制于人的行动者来说不成立。(我并不否认，强制的长远后果，而且在某些情况下强制的目的，可能是摧毁或至少削弱做一个自决行动者所必需的能力。这种可能性导致了一些复杂的问题，我无法在这里讨论，我只想说，当强制确实摧毁了自决能力时，下述想法是合理的：强制带来的不自由已经被另一种不自由——而且是更糟糕的不自由——所取代。)因此，一个被强制的行动者仍然是一个具有理性地自我指引能力，从而具有自决能力的行动者。

唯有那些具有理性地自我指引能力的人才能被说成是遭受了强制，这个观点可以通过考虑一些情况而再次得到阐明，在那些情况下，一个行动者被剥夺了自治同时却并不是受制于人的：比如，"反常者式的"(anomic)个人或"顽物式的"(wanton)个人——法兰克福(Frankfurt)[①]就这样称他们——就是这样的情况。属于这一类别的个体满足了人类行动能力的条件：他们是这样的个体，即他们的欲望并没有被排列为任何稳定的层级，他们也没有任何的标准可以用来评判或者抑制当前的倾向。因此，一个反常

76

---

① "反常者"与"顽物"术语我采自法兰克福的讨论，见 H.G.Frankfurt, "Freedom of the Will and the Concept of a Person", *Journal of Philosophy*, 1971, vol.LXVIII, pp.5—20。(中译收录于《第三种自由》，第89—109页。译者在法兰克福这篇论文英文版中并未找到"anomic"这一术语。"wanton"一词做名词解时一般指"放荡之人"，不过法兰克福用它特有所指，已经背离了该词原意，很难找到准确对应的中文词语，这里勉强采用应奇老师的译名"顽物"。——译注)

者或顽物式的个体是这样一个个体,他并没有一种理想的自我图式可以用来评价他自己的表现。法兰克福说过,①一个顽物的规定性特征在于他并不关心他的意志(will),从而没有任何一种二阶的欲望与意愿(volition),而拥有二阶欲望与二阶意愿可以用来区分人(persons)与动物,也可以用来区分人与某些人类成员(human beings):顽物包括所有(更谨慎地说,几乎所有)除人以外的动物、所有人类婴儿以及某些成年的人类成员。由于反常者式的个体缺乏我们通常归于人身上的那种自己的意志,因此,将反常者地位赋予他并不意味着他的意志已经被另一个人的意志压服了(在强制的情况下就是这样),或者另一个人的意志已经取代了它(在受制于人的情况下就是这样)。显然,由于强制总是涉及意志的冲突,强制一个顽物是不可能的,正如强制一个动物或一个婴儿是不可能的一样(尽管这三者都可能会遭受暴力)。因此,唯有一种受到严格限制的消极自由概念——即视自由为不存在暴力——可以运用于顽物。不能说顽物拥有这样一种自由(自决、自治与自主都是这种自由的实例),拥有了这种自由,就可以有理有据地让他对自己的行为负责,缺乏这种自由则构成了一个永久性的免责条件。

我已经指出,一个行动者被取消自治的最重要的方式之一便是通过成为受制于人的行动者。同样显而易见的是,一个没有受制于人的行动者也仍然可能是不自主的(heteronomous)。因为一个人可能具有理性选择者的所有属性(包括一个他自己的意志),却完全受习俗、习惯或他周围的人的预期所支配。用大卫·莱斯曼(David Riesman)的有用的术语来说,②他可能是"受人指示的"(other-directed),就是说,他可能未加反思便根据他从社会环境与文化环境中所接受的标准与原则来行动,而根本不对它们进行批判性的评价。这样一个行动者尽管并不是一个意义上受治于人的行动者,却仍然是不自主的,因为他的行为完全受一种法律(law)或规范(nomos)所支配,这种法律是他从他人那里未经适当的思考便接受下来的,在严格意义上,并非他自己的法律。自治与自主之间的一个关键差异可见于下述事实

① H.G.Frankfurt,"Freedom of the Will and the Concept of a Person",*Journal of Philosophy*,1971,vol.LXVIII,pp.11-12.(中译参阅《第三种自由》,第95—96页。——译注)

② 对这一术语的说明,见 David Riesman,*The Lonely Crowd*,New Haven,Yale University Press,1950。

中：一个自主的行动者用卢梭的话说是这样一个行动者，他的行动服从于他
自己为自己规定的法律。用法兰克福的术语来说，①一个自主的行动者是
77 这样一个行动者，他有一个自己的意志，并对自己的各种意愿进行持续的批
判评价，而且有机会把自己的意志转化为行动，其意志也是自由的。特别值
得指出的是，这四个条件中的最后两个并不相等，而是有所不同。因为一个
人的意志是否自由是一个问题，而他是否能够把他的一阶欲望转化为行动
则是另外一个问题；后面这个问题是这样一个问题：一个行动者是否有自由
照他想要的方式去行动；也是这样一个问题：强制性的干预（比如）是否阻
止了他照他想要的方式去行动。相反，意志的自由在这里意指一个行动者
可以自由地想要他希望自己想要的东西（is free to want that which he wants
to want）。在形式的意义上，自由地行动意味着像一个自治的行动者那样行
动；如果一个行动者既享有一个自治行动者的行动自由，又享有意志自由，
那么他就可以被说成一个严格意义上的自主行动者。我已经通过指出一个
自主行动者既自由地行动又拥有意志自由，从而表达了自主行动能力的两
个方面，当范伯格（Joel Feinberg）说"如果我统治我自己而且没有其他任何
人统治我，我就是自主的"时，②他恰好把握住了这两个方面。

显然，根据我对我已尝试加以阐明的那四种自由观——消极自由、理性
的自我指引、自治与自主——的描述，自主包含了前三种，因为任何一个可
以被说成是享有自主意义上的自由的人都将拥有其他几种自由。因此，一
个由自主行动者构成的社会将是一个这样的社会：其成员在运用某些重要
能力时不用承担法律责任，而且他们至少已经将这些能力发展到一种最低
限度的水平。自主概念的两个方面也体现于下述事实当中：它的每一次运
用都必须同时提到一系列法律上的自由和许多独特的个人行动能力，即以
自主的人所特有的方式去行动的能力。有必要强调一点，即自主性不仅会
因为行为受到外在障碍（比如强制性的约束或法律惩罚的威胁）的阻碍而
减少，而且更为根本的是，也会因为公共舆论的压力使得某些选项变得甚至
是不可想象，或者即便可以想象，却不能真的被当作可以选择的切实可行的

---

①　见 Frankfurt，前引。

②　Joel Feinberg, *Social Philosophy*, Englewood Cliffs, New Jersey, Prentice-Hall, 1973, pp.
15-17.

生活方式,从而减少。密尔为自由辩护,不是因为他认为一旦自由得到保
护,就会出现一个由自由人构成的社会;相反,他试图推进一个由自由的人
或自主的人所构成的社会,并主张,如果对自由的削减超出了他的原则所划
定的范围,这一目标就不可能实现。

　　读者可以合理地质疑,我所勾勒的这一套术语与区分在密尔的著作中 78
是否有依据,尽管这种保留意见不无道理,因为这些区分无论如何都不是源
自密尔的著作,但是如果它意味着密尔的著作中根本没有任何内容符合这
些区分,它就是站不住脚的。密尔把小孩、精神失常的和落后的民族排除在
自由原则的运用领域之外,这有力地表明,他把自治状态看作自由原则的运
用的一个必要条件。但是,有什么证据可以证明密尔坚持一种个人自主的
理想呢? 最明显的证据出现在《论自由》中著名的第三章。我们来看看下
面这段话:①

　　人的感知能力、判断能力、具有辨识能力的感觉、思想活动,甚至是
道德喜好,都只有在作选择时才得以运用。一个人如果做任何事都是
因为这是习俗,就没有做任何选择。……思维能力与道德能力就像肌
肉的力量一样,只有通过使用才会得到提升。

他又说:②

　　如果一个人的欲望和冲动是他自己的,就是说,是他自己天性的表
现,尽管这种天性已经由他自己的教养发展和修正过,那么这个人就可
以说有一种性格(character)。如果一个人的欲望和冲动不是他自己
的,他就没有性格,正如蒸汽机没有性格一样。

　　我们在这里找到一些康德式自主观的确定无疑的痕迹,密尔(在一种
新浪漫主义的变化形式中)从洪堡那里吸收了这种自主观。尽管他的著作

---

①　J.S. Mill, *On Liberty*, *Utilitarianism and Considerations on Representative Government*,
London, Dent, 1972, pp.116–117.(中译参阅约翰·穆勒:《论自由》,第 68 页。——译注)
②　Ibid., p.118.(中译参阅约翰·穆勒:《论自由》,第 70 页。——译注)

没有在任何地方明确使用自主性与本真性（authenticity）这样的术语，但我认为我们有可靠的根据认为个人自主性这一理想是密尔最根本的承诺之一。如果一个人在涉己领域受制于武力或强制，或者如果公共舆论的压力被施加于那个领域，那么在密尔看来，这个人就算不上一个自由的人。如果人们没有机会发展他们自己的意志，并根据他们自己的意志去行动（在密尔看来，传统婚姻制度中的妇女就是这样），他们就算不上是自主的。在后面这种情况——密尔在《妇女的屈从地位》一书中详细考查了这种情况——下，正是受制于人的状态阻碍了自主性。密尔在《论自由》中抨击的那种更为普遍的不自主状态是这样一种状态：人们时刻顺从于社会惯例和公共舆论的压力，让自己的品味（如果他们有自己的品味的话）接受大众的匿名裁断。毫无疑问，密尔认为自由原则之所以重要，很大程度上是因为它不赞成后一种不自主（即便社会采纳自由原则也不能积极地促进自主性）。但是，进一步说，下面这一点也是毫无疑问的：密尔认为，为自主而奋斗永远都是人们为争取幸福而做出的努力的一部分，不过也是很容易受挫的一部分。事实上，我们可以公允地说：密尔原本就认为这个理想是对边沁式幸福观的修正，以适应人类心理现实状况。在本章最后一节我将回到这个问题上来。

　　现在我们可以回到我们最初的问题，即除了基于一种富于想象的对其他生活方式的意识而作选择以外，自主性还包括些什么呢？现在，我们来到了密尔个性理论的一个根本的方面，即他的下述主张：一个获得或展现了个性的人就将拥有他自己的欲望与计划，用我采用的术语来说，他将展现出本真性。现在，一个关键的问题是，本真性如何与自主性相关联。根据某些解释，比如雷登森（Ladenson）的解释，本真性说到底就是自主性。用雷登森的话说："对密尔来说……培养个性即发展理性。"①尽管这种说法抓住了密尔个性理论的一个方面，但它也忽视了一个方面。对密尔来说，正如我已经指出的，只有当一个人的欲望和计划是他自己的欲望和计划时，他才展现出个性。无疑，理性——即自我批评、仔细思考等等——往往是任何行动者确定

① Robert F. Ladenson, "Mill's Conception of Individuality", *Social Theory and Practice*, 1977, vol.4, no.2, pp.167–182.

什么是自己的计划和欲望的一种必要手段;但问题是,对密尔来说,这在一定程度上是一个需要去发现的问题。根据密尔的说明,自主性与本真性并不相等,因为一个人可以表现出高度的自主性,但他仍然有可能弄错他独特的禀赋与潜能在哪里(或许是由于错误的信念)。毕竟,鼓励生活试验的部分理由在于,它们有助于获得关于自我的知识(这种知识对别人来说也可能是有用的)。如果对哪些欲望和计划是我自己的这个问题的判断没有一个认知维度,如果这样的判断在本质上最终纯粹是一些无根无据的承诺,那么对自由的论证就不再具有工具性的特征,而如果它要在任何相关的意义上作为一种功利主义的论证,它就必须要保留这种工具性特征。它将成为一种主要或仅仅借助于选择之价值的论证;并因此而成为一种比密尔的论证更简单、更缺乏说服力,也更无趣的论证。

不难在《论自由》的文本中发现一些段落来支持我所提出的那种解释。[80]密尔声称:①

> 人性并不是一部按照一种模型组建起来,并被设定去精确地执行为它规定的工作的机器,人性毋宁说是一棵树,它需要沿着内在力量的趋势成长并在所有方面发展自己,正是那种内在力量使它成为一种有生命之物。

这里,我们发现了一种表达,这种表达以亚里士多德主义的方式表明,人身上有一种自我实现的自然趋势,社会安排既可能促进也可能会阻挠这种趋势。确实,密尔对习俗与传统的压制力量的信念导致他极其悲观地看待大多数人面临既定传统与惯例时是否有能力坚持自己内在的趋势这个问题。不过,密尔所使用的目的论语言以及他的讨论的整个语境表明了一个命题,即每个人都有一些独特的潜能,这些潜能只有在少数的可能生活中才能体现出来,而且这些潜能的实现对任何一个人的最大幸福来说都是不可或缺的。这个命题是《论自由》的论证所依赖的核心命题之一。

---

① Mill, *On Liberty*, *Utilitarianism and Considerations on Representative Government*, p.117.(中译参阅约翰·穆勒:《论自由》,第69页。——译注)

确实,密尔的说明还有很多含糊之处,这些含糊之处全都集中于选择和关于下述问题的知识之间的关系:就某一个人自己的情况而言,什么东西有利于他的幸福与美好生活。到此为止,从我的行文来看,就好像存在一个意思明确的自主性概念一样,而且密尔的著作就体现了这样一个自主性概念。这样一种印象具有严重的误导性。恰恰相反,我们在许多作者那里发现了一连串的自主观,甚至在一个思想家那里也可以发现一连串自主观。斯宾诺莎代表了一种极端,我们在他那里发现一种自主观,我们可以称之为"封闭的"(closed)自主观,因为它意味着,充分自主的行动者(如果真有这样的行动者的话)对于所有实践问题都可以找到特别确定的解决办法。根据这种观点,道德困境与实践困境都可以通过运用理性而得到解决,理性(至少从原则上讲)完全有能力详细说明对人而言(或许对某一个人而言)的好生活是什么。萨特代表了另一种极端,在早期萨特的著作中有一种"开放的"(open)自主观,根据这种自主观,理性可以解决实践问题这种观点遭到了摒弃,因为它表达了一种不自主的"严肃精神"(spirit of seriousness)①。

我认为,密尔自己的自主观最接近于亚里士多德简略地提到过的那种自主观。许多评论者已经注意到,②密尔把性格说成是一系列"习惯性的意志"(habitual willings),这就非常类似于亚里士多德在《尼各马可伦理学》中的解释。然而,这两种解释之间的一个重大差别可以在密尔的激进多元主义中找到。尽管他像亚里士多德一样认为,人们所有的卓越之处将通过运用一般性的人类能力而体现出来,或得到刻画,但与亚里士多德不同,他坚持每个人的幸福被当作为一个"有机整体"时所特有的独特性。因此,一个幸福的人不仅仅是一个一般类型当中非常独特的一例;毋宁说,在密尔看来,他的幸福的一部分(一个必要的部分)就在于,他实现了他自己的天性的独特要求。注意,密尔并不是在坚持下述自明之理:环境与个人禀赋的偶然性将限制或约束任何一个人达致卓越的机会。相反,他是在坚持这样一

81

---

① "严肃精神"是萨特的一个术语,指的是这样一种信念:事物中存在一种客观而独立的善有待人们去发现。萨特认为,人们之所以陷入"严肃精神",是因为人们忘记了价值是偶然的,要由我们的主观性去选择和赋予。——译注
② 比如,弗雷德·伯格(Fred Berger)在他关于密尔的未刊行的重要著作中就注意到这一点。

个主张,即有待实现的天性具有一些独有的特征。正是后面这条主张遭到部分学者嘲笑,说它表达了一种"个人癖好神圣"的学说。① 抛开这种说法的轻蔑语气不论,那些使用这种说法的人确实正确地看到,密尔的观点是,自主的人都在寻找他自己的天性,他们越是对他们的个人天性的要求做出反应,彼此之间就越是不同。显然,鉴于密尔强调多元的个人天性,无论是在确定它们的变化的外部边界时,还是在确定任何人在其中都有望实现卓越的小范围的生活方式时,都存在着认知方面的问题。

密尔对个性的解释与亚里士多德对人类繁盛的解释之间的第二个差异在于,密尔坚持认为,作选择是任何一个人的美好生活的必要构成要素。根据某些对亚里士多德实践慎思观的解释,无论如何,选择的作用都只是作为美好生活的一种手段:它对美好生活来说甚至连部分构成意义都没有。在密尔那里,他关于"生活试验"的谈论所包含的认知主义含义与他关于个性之要素的某些阐述所暗示的那种道德自愿主义之间确实存在一种张力。这里出现了一些很难回答的问题。一个人如果他的欲望和计划是他自己的,从而表现出本真性,就必定是自主的吗?(难道他不可以只是无意中发现了一种实现其独特天性的生活方式吗?)确实,如果在一个人身上,一般性的选择能力等没有发展,那么他就不能实现他作为人类的一个成员而能够实现的充分幸福。另一方面,某些与自主性相关联的关于自我的知识实际上可能会阻碍一个人的独特能力与天赋的发展。(想想这样一个富有创造性的艺术家:在经过心理分析后他的作品就变少了。)在这里,密尔的幸福 82 观以及他对个性在幸福中的地位的看法存在着一些重大的困难。

有时候,正如我在讨论密尔道德理论时所指出的一样,密尔在实际行动者的观点与客观观察者的观点之间摇摆不定,让人摸不着头脑。根据某些对实践知识的看法,似乎一种生活实践只能为其坚定的支持者也即积极参与其中的行动者带来知识。根据其他看法,恰恰是相反的说法才正确。

毫不奇怪,我们在密尔那里找不到对这些问题的明确处理。我们可以猜测,对密尔来说,作选择的作用在一定程度上源自他的一个信念,即很多好东西都只有在为我们所选择时才是好东西,或许也源自他的另一个信念,

---

① Robert Paul Wolff, *The Poverty of Liberalism*, Boston, Beacon Press, 1968, p.19.

即尽管任何个体的性格的独特要素是与生俱来的,但这些要素要想获得有机的统一,就只能通过反复地作选择。① 我们可以用我之前采用过的开放的自主观与封闭的自主观这些术语来表达密尔对这些问题可能持有的看法,这样,我们可以说,密尔自己的自主观可能只是在一定程度上是一个封闭的自主观。由于密尔的著作中找不到对这些问题的持续思考,这样一种解释是合理的,但并不是唯一可以为证据所支持的解释。

上述讨论使得我们能够更为准确地重申密尔的个性理论、他的哲学心理学与他对自由的论证之间的关系。密尔总是强调心灵中有一种积极要素:无论是在一些正式的心理学讨论中,还是在一些散论——比如关于诗歌的论文——中,密尔都拒斥一种心灵观,即心灵只是接收外在印象而已。同样,根据密尔的观点,幸福要在活动中才能找到:用他的话说,幸福不是"一种集合体一样的东西",可以被认为会"增大总量",②毋宁说是一种体现了每一个人自己的天性的生活方式。我们再回顾一下密尔的一个观点:认为人们不运用其积极的能力也可以幸福就混淆了幸福与满足(contentment)这两种观念。③ 有时候,密尔也接近于赞成一种道德个人主义,根据这种立场,福祉或幸福概念如果不作为一个抽象术语运用于人们力争获得的对象,就会失去一切意义。事实上,它不完全是一个抽象术语,因为密尔认为,事实上,个人往往会选择同样的生活方式,这些生活方式有一些共同的特征。实际上,正是后面这一信念给密尔带来了一些困难。因为,如果我已经把他的功利主义说成是分层次的、多元主义的,那么显然,当功利的各种要素提出相互冲突的要求时,密尔需要解释如何解决冲突;但在他的著作中找不到这样的解释。然而显而易见的是,密尔认为,任何一个人如果没有自己的幸福观,都不可能实现幸福或美好生活。合理的幸福观的多样性植根于个人天性的多样性。

自由学说所存在的一个主要问题涉及密尔为自己的人性观所主张的权

---

① 尤其见 Antony Thorlby," Liberty and Self-Development: Goethe and J. S. Mill", *Neohelicon*,1973,vol.3-4,pp.91-110。

② Mill,*On Liberty*,*Utilitarianism and Considerations on Representative Government*,p.34.(中译参阅约翰·穆勒:《功利主义》,第37页。——译注)

③ Ibid.,p.9.

威性。作为一个经验主义者,密尔不得不把他关于人的理论建立在观察和实验的证据之上。在《逻辑体系》中,密尔提出了人类行为学这门经验科学的计划,它将揭示人的性格发展的规律。密尔本人未能对这门科学(我们现在承认它是早期的社会心理学)有所贡献,这既让他失望又让他尴尬,而且他的这种感觉是合理的。生活艺术的各种戒条正是要建立在人类行为学的规律的基础之上,而且,对一种建立在人性基础之上的进步的道德与政治科学之可能性的怀疑——麦考利(Macaulay)在抨击詹姆斯·密尔的《论政府》时对这种怀疑提出了尖锐的批评——最终遭到了挫败。不幸的是,密尔没有提出人类行为学的任何候选规律,因此,自由学说(连同其他的生活艺术)在关于人和社会的科学知识中并没有他想给予它的那种经验基础。

因此密尔并没有成功地将生活艺术与人类行为学的规律联系起来,在评价密尔对人的看法是否合理时,我们必须利用被我们视为理所当然的关于人性的任何理论信念与常识性信念。在密尔更宏大的哲学中不存在生活艺术的科学基础,这并不表明不能提供这样一种基础。对密尔哲学融贯性的一个根本性的反驳,以及间接而言对自由学说的功利主义基础的一个根本性反驳,涉及《论自由》所预设的人性观到底是不是经验主义的人性观这样一个问题。或许可以主张,无论是密尔与亚里士多德在幸福的本质问题上的相似性,还是《论自由》的目的论语言以及密尔大多数道德心理学观点的先验性(a priori)特征,都表明他对人持有的是一种本质主义的而非经验主义的看法。这就是说,密尔并不认为来自人类行为的证据对一种关于人的本质属性的说法来说具有决定意义,人的本质属性或多或少会体现在人的行为中。困难当然在于,密尔的经验主义知识理论似乎使得密尔不能做此选择。这个困难如何处理呢? 84

在一定程度上,存在着人的本质或天性这种观点并不会给密尔造成问题,即便他的经验主义观点不太适合用本质主义的语言来表达。我已经指出,密尔吸收了一个浪漫主义的信念,即每一个人都拥有一个独特的、与生俱来的禀赋,这种禀赋在他的一生中有可能得到实现,也有可能不能实现。只要任何一个人的本质或天性通过观察与实验就可以看出,这个信念就不会颠覆密尔的经验主义。但是,是否可以从经验主义的角度来解释个人天性或本质这个概念呢? 我并不认为这个困难对密尔来说是致命的。正如斯

图亚特·汉普歇尔(Stuart Hampshire)在讨论斯宾诺莎的自由概念时所说:①

> 我们可能发现,个体的天性或本质这个概念完全不清楚。我想,我们仍然可以认为一类事物的本质特征这个概念是有意义的,也可以认为对个体所下的一种判断——即它们是所属类别的更典型的或不那么典型的样本——有意义。但我们是否可以有意义地说一个个体或特定事物正在变得更像或更不像一个个体呢? 斯宾诺莎提供了一条标准,借此,我们可以评价一个个体作为个体的完善之路:这条标准就是,个体积极和自决的程度。

这里,我的观点是,只要我们允许密尔使用一个观点,即个人的禀赋可以通过生活中的实验和观察来发现,那么就可以对个人的本质或天性这样一个理性主义或本质主义的术语做出经验主义的解释。经验研究是否可以证实高级快乐理论的主张,从而支持自由学说,这个问题我将在本书最后一章来考查。在这里,我只想评论说,除了个人有天性或本质以外,密尔对于人性的一般属性没有提出任何主张。他提到的那些心理法则事实上几乎完全是抽象的、形式化的,全都可以基于观念的联想(association of ideas)来解释。密尔对道德问题与政治问题的大多数非正式讨论都表明,他认为人性的变化与改变几乎是无限的,因此人的类本质(species-nature for man)概念(除了人的生理构造所赋予他的本质以外)在密尔的著作中并不重要。不过有时候,密尔受到一种具有吊诡性的本质主义(a paradoxical version of essentialism)吸引,根据这种本质主义,人性的无限可变性本身可以通过人所具有的一种拿自己做实验的能力——这种能力植根于反身思考(reflexive thought)——来解释。正是这样一种人性观比其他任何人性观都更符合《论自由》的论证。在本书最后一章,我将转向这个问题,并思考它在密尔那里的地位和用途。一个显而易见的问题是,是否可以给予这个关于人的本质主义命题一种经验主义的辩护。

85

---

① Stuart Hampshire, *Freedom of Mind*, Oxford University Press, 1972, pp.193–194.

　　这样,《论自由》所预设的人性理论可以重申如下:根据这种理论对人类的理解,人类不断改变着他们所继承下来的生活方式与经验模式,"人性"本身在给定的时间地点也是由这些生活方式与经验模式构成的。在这样一种把人解释为进行无休止地自我改变的动物的观点中,把人类与其他动物区别开的只是他们反身思考的能力与审慎选择的能力,正是由于这些能力,人的思想与行为才具有了不确定性(同时,人也有具有一种或多或少不可改变的生理构造)。而且,根据这种解释,关于人性的属性,除了主张人性本质上是不确定的从而可以朝着许多不同的方向改进以外,不能提出任何声称具有普遍有效性的主张。正是这样一种对人的看法——根据这种看法,人类之所以独特,是因为人性根本是不确定的——最自然地与《论自由》相一致。如果把这种人性观归于密尔,我们就可以理解为什么密尔不从任何一类人的大量出现的角度来看待进步,而是认为进步即促进自主思考与行动的能力的增长。正是这些能力的增长使得人们可以培养各种各样的卓越或自我发展方式,也正是这些能力的增长提升了人类的欲求的品质,并通过促进"生活试验"从而促使文化与社会朝着"无数不同的方向"发展。

　　正如我所重构的那样,《论自由》的论点是,社会自由(根据我的理解,它既包括了法律上的自由,也包括了免受公共舆论的惩罚和压力)比其他益品都重要,因为促进生活方式与思考模式的多元化在一定程度上对于作为自主行动者的人的发展来说具有构成意义。因此,在《论自由》中,我们不能认为社会进步与自由的提升无关。正如密尔所说:①

　　　　进步的精神并非总是一种自由的精神,因为它可能旨在将进步强 86
　　加给一个不情愿的民族;而自由的精神由于抵制这种做法也可能会与
　　反对进步者结成局部或暂时的同盟;但是进步唯一不竭的、永恒的源泉
　　是自由,因为只要有自由,有多少个体,就可能有多少个独立的进步
　　中心。

―――――――――――――

　　① Mill, *On Liberty, Utilitarianism and Considerations on Representative Government*, p.128.(中译参阅约翰·穆勒:《论自由》,第82页。——译注)

因此,如果人的反身思考能力使得人类社会生活中的任何东西都不是固定的、已经完成或已经结束,那么进步就在于不设目标地改变人的社会生活方式,并在他对他的生活方式的理解中寻找(同样是无休止地)缺点、不融贯之处与其他不足之处。这是一种本质主义的人性观,根据这种人性观,具有吊诡意义的是,通过发现人并不像物质对象和无反思能力的动物那样具有某种确定的一般本性,我们就看到了人的本质。而且,这是一种具有吊诡性的本质主义,因为人类作为一个物种所特有的不确定性被那种可以发现的本质所限定,在那种本质中,密尔相信,每一个人类成员都是独特的。因此,密尔的个性理论将人是自己的创造者这条主张和对每个人来说都存在一种有待发现的本性这条主张结合在一起。密尔的论点是,一种幸福的人生要求不断作选择,因为唯有作选择可以把一个人的本性的各种各样而且可能相互冲突的要求融合为一个有机整体。这里出现了一个根本性的问题:这种人性观是否并非彻底地关注理想,如果是这样,这是否开启了摧毁任何一种可以承认为功利主义的理论的致命突破口。

3. 自由学说中的欲求与理想

许多密尔的批评者指责他用一种先验主义的道德心理学来支持自由学说,而对于那种道德心理学,几乎没有独立的证成。确实,如果可以表明他的幸福观只不过是在用其他术语来包裹他的道德理想,那么他的学说就存在一定程度的循环论证。就他自己对这个问题的看法而言,密尔的立场是比较清楚的。几乎毋庸置疑,密尔相信,如果具有适当程度的相关经验,人们事实上会更喜欢需要运用最佳辨别能力与判断能力的活动,而不是无须运用这些能力的活动。密尔并不认为人们总是展现出这种偏好,就是说,他并没有坚持下述荒谬的观点:在喝啤酒与喝葡萄酒之间,凡是对两种酒都有了解的人总是会更喜欢葡萄酒,因为后者对味觉上的辨别能力要求更高。相反,他信奉的是这样一个观点:对需要运用自主思考、想象力和辨别能力的活动的偏好将在有经验的评判者的生活中占主导地位。

密尔在这方面的立场对很多读者来说可能仍然不具说服力或者不清

楚。事实上,最近很多批评密尔的学者就发现密尔的立场确实如此。在他
对密尔式自由主义的出色批评中,哈克萨(Haksar)主张,密尔坚持一种高尚
的(high-minded)善观念,它依赖于一种关于人的理想。他坚持认为,密尔
的学说"并没有使得他赋予所有生活方式以平等地位",即便是对高级生活
方式的辨识也使得密尔要做出一些完善论的判断,而这些判断是他正式的
功利主义理论所不能接受的。① 而且,密尔的幸福观似乎还面临一种反驳,
这种反驳是菲尼斯针对所有的后果论提出来的,②他说,密尔的幸福观要求
把一些严格说来不可通约的益品变得可以比较:它必定会尽力用一把尺子
来衡量各种不存在共同衡量标准的价值。或许,最关键的是,可以主张,密
尔的信念"存在着一类确定的高级快乐"与他对人性无限的多样性的相信
之间有冲突,他不能二者兼顾。要么,他的高级快乐学说之所以支持他的自
由理论,仅仅是因为它已经体现了对某些类型的人格(personality)的一种自
由主义偏好(在这种情况下,它没有给出任何独立的理由来支持自由原
则);要么,他的高级快乐学说依赖于经验主义心理学和社会学中的一些假
定,而这些假定很可能是错误的。如何回应这些批评呢?

这些质疑中的第一种质疑在哈克萨那里得到了最好的体现,这种质疑
提出,密尔根本性的道德理论是一种完善论。说它是完善论,遵循罗尔斯的
说法,就是说,它首先关注提升某种类型的人类卓越,其次才关注欲求的满
足。完善论是一种具有最大化特点的后果论,但并不是一种关注欲求的后
果论。如果把这种关注理想的观念③归于密尔的做法是合理的,这对他的
自由学说来说就确实是一种严重的打击,他的自由学说旨在说服人,甚至想
说服那些奉行非自由主义的性格理想的人。但是我没有看出这种质疑有什
么说服力。首先,任何一种道德观点都有不同程度的完善论特征。一种完 88
善论的道德规范(它非常重视与个人卓越有关的考虑因素)可能包含了一
些非常具体的行为戒条,否则它可能或多或少都是没有预设目标的(open-

① V.Haksar,*Liberty*,*Equality and Perfectionism*,Oxford University Press,1978,p.233.(该书书名应为 *Equality*,*Liberty and Perfectionism*,出版年应为 1979 年。——译注)

② John Finnis,*Natural Law and Natural Rights*,Oxford,Clarendon Press,1980,pp.111-118.

③ 巴里把这个观点归于罗尔斯,也含蓄地将之归于密尔,见 Brian Barry,*The Liberal Theory of Justice*,Oxford,Clarendon Press,1973,p.28。

ended)。无疑,密尔更喜欢大胆的、宽宏大量的、思想开明的人,而非怯懦的、小肚鸡肠的、思想狭隘的人,但是他希望自己关于自由之价值的论证对两种人都有说服力。密尔对美好生活的看法可能是完善论的,因为他认为,很大程度上是自己所选择的生活要比基于习俗的生活更好,但这是一种程序完善论而非一种十足的好生活理论。由于非常重视自主性与安全在任何一种人类福祉体系中的地位,并且一旦某些条件得到满足,便赋予自主以优先性,密尔确实持有一种罗尔斯所谓的薄的善理论,即一种关于人类福祉的最低限度观念,这种观念是用一种至关重要利益理论或基本益品(primary goods)理论来表达的。① 密尔以这种方式提到了人类幸福充分实现的最低条件,凭这一点,还不能说密尔是一个完善论者。实际上,密尔自己的主张是,那些习惯于作出自己的选择的人不会轻易地放弃这种习惯,这是一条经验性主张,一条打赌式的主张,而不是对一种理想的断言。如果密尔从来没有考虑一种可能,即人们会自愿放弃他们的自由,那么这是因为他认为他有很好的理由相信自由的优势是自我强化的。主张密尔在这个问题上是错误的(即便这种主张不可否认是正确的),这也不能支持一个非常不同的主张,即他的道德理论是一种完善论。

后面两种质疑在几个方面都更加有力。密尔承认,每一个人对自己幸福的看法都很可能包含一些相互冲突的要素,但是对于如何解决这些冲突,他没有提供任何指导。当我把他的学说作为一个整体来评价时,我会再回到这个问题上来。他关于人性多样性的信念是否与他对高级快乐的解释相冲突呢?我不明白为什么会冲突。密尔的高级快乐的检验标准是,它是在经过一个自主的思考与选择过程之后被人选择的,而且体现了个人自己的本性的独特要求。这一对条件排除了许多快乐,却仍然把多种多样的智识快乐与其他快乐留在了高级快乐这个领域当中。密尔的下述主张没有任何不融贯之处:某些快乐达不到我提到的两条检验标准,然而与此同时可能还有一些新的、迄今为止不为我们所知的快乐也可以达到这两条标准。确实,我们可以想到,某些快乐可能会因为符合个人自己的本性而被人自主地选

① 罗尔斯讨论了他对“薄的善理论”这一术语的用法,见 *A Theory of Justice*, Oxford, Oxford University Press, 1972, pp.395-399。(中译参阅罗尔斯:《正义论》,何怀宏等译,中国社会科学出版社 2009 年版,第311—314页。——译注)

择,然而却涉及对自主性的放弃。根据我的理解,密尔对这种可能性的看法不是一种先验的看法:他并不试图将它作为一种可能性加以击败,而是试图表明它是不太可能的,或者很罕见。这或许是一种比较中庸的立场,但是并不荒谬。密尔坚信一点,尝到过自由带来的快乐和好处的人不会牺牲自由来换取其他利益:作为一个经验问题,他相信,自由的状态在这方面是不可逆的。

密尔会承认何种证据会推翻他这方面的信念,这一点还不会立刻就显而易见。实际上,密尔在这一点上接受何种证据是合理的,这一点根本不是显而易见的。在本书最后一章的最后一节,我将对这个困难的问题作些评论。在这里,我只想指出,只要密尔的预言在一般情况下能站得住脚,他的幸福观中就没有任何关注理想的要素。密尔并不持有一种完善论的伦理学,在这种伦理学中,应该着手去促进一种人类卓越的理想,即便这样做与满足欲求相冲突。毋宁说,他的观点是,人的幸福依赖于一种性格上的稳定性。然而,关键的问题在于,密尔是否坚持一种人格理想,而无论这种人格理想是否能够促进总体上的欲求满足。没有历史证据和文本证据能证明他确实坚持这样一种人格理想,对于如果他关于人类发展的预期遭到挫败他会做何感想这个问题的猜想是过度的猜测。尽管密尔的学说不会被知足的懒虫这样一个怪异的例子所推翻,但是它可以接受人类经验的检验。因此,它只能声称自己代表的是一种并非不合理的打赌。它可以被经验所推翻,而且可以基于生活方面的证据而受批评,我还会回到这个问题上来。不过,这种批评的一个方面在于密尔自由原则的运用领域,现在我就要转向这些运用当中某些最重要的运用。

第五章 运 用

1. 父 爱 主 义

90   在考查密尔对国家父爱主义(state paternalism)的解释时,有必要在一开始就指出,任何父爱主义原则(以及对父爱主义所引起的道德问题的所有讨论)都有一个预设,即确实可以在涉己行为(至少主要是涉己而且直接地涉己)与涉他行为之间做出有意义的区分。因为无论以何种方式作出这种区分,父爱主义都不存在任何的独特道德问题,除非可以以一种或另外一种重要的形式做出这种区分,而这是由于,(假定任何这样的区分都是不合理或错误的)所有对自由的"父爱主义式的"侵犯都可以因为对保护他人的福利而非自由受到限制者的福利来说是必要的而得到证成。如果是那样,就没有任何对自由的限制(完全或主要地)是父爱主义式的限制,因此,对于仅仅为了一个人自己的利益而强制他是否恰当这个问题,绝不存在一种真正的道德困境。这样,所有关于父爱主义的讨论都在逻辑上或概念上依赖于一种可能性,即可以在涉己行为与涉他行为之间做出一种与密尔希望做出的区分相类似的区分。通过把对他人的伤害规定为正当限制自由的一个必要条件,自由原则使得大量的理由都不足以支持这样的限制,这些理由中最重要的便是父爱主义的理由。

91   法律父爱主义的原则证成了国家用强制来保护个人免受自加的伤害,或者(更严格地说)用强制来引导个人以有益于他们自己的方式行动。密尔的原则所具有的反父爱主义的蕴涵意义规定,没有谁(无论是国家还是社会)可以正当地干涉一个成熟的理性行动者在仅仅或主要影响他自己利

益的问题上完全自愿的选择。正如密尔在一段著名的话中所说：①

> （一个人）自己的好处，无论是物质方面的好处还是道德方面的好
> 处，都不是（限制自由的）充分理由。我们不能因为做某事对他更好，
> 或者会让他更幸福，或者在他人看来更明智甚至更正确，就强迫他去做
> 或不做某事。……对于他自己，对于他自己的身体和心灵，他自己就是
> 主权者。

密尔认为，一旦在某种情况下有很好的理由认为，如果一个人在信息不
足或信息错误的情况下做出的选择与他清楚地理解了自己的处境时将会做
出的选择并不一致，那么，他的原则就允许国家与社会限制这个人的自由以
便保护他，以便他免受自己的无知或谬见所导致的有害后果影响。同样明
显的是，如果你要说明某人在这种情况下会如何行动，那么，要是你不能直
接用那个人的证词来检验你的说法，你就必须依靠对这种情况下人们正常
的或典型的反应是什么这个问题所作的某种一般性的理论解释。这一说法
以及密尔对他"绝对"排斥父爱主义的做法明确地作出的其他限定暴露了
他总体上拒斥父爱主义的部分理由，也指明了他背离这一总体性立场的某
些理由。在一段著名的话中，密尔宣称：②

> 如果一个公职人员或任何一个人看到一个人试图通过一座已经被
> 确定很危险的危桥，而又没有时间告诫他这种危险，就可以抓住他把他
> 拖回来，这不会对他的自由有任何真正的侵犯，因为自由在于做一个人
> 所欲之事，而掉进河里并非他之所欲。

密尔认为，我们不仅可以保护一个人免受其无知与信息错误带来的后
果之害，也可以保护他免受其他条件之害，那些条件会使得他的选择不太显
然是自主的，即便那些选择是在他拥有充分且正确的信息的情况下做出的。

---

① J. S. Mill, *Utilitarianism*, *On Liberty and Considerations on Representative Government*, London, Dent, 1972, p.73.（中译参阅约翰·穆勒：《论自由》，第 10 页。——译注）
② Ibid., pp.151-152.（中译参阅约翰·穆勒：《论自由》，第 116 页。——译注）

一个人可能是"小孩、精神错乱者,或者处于某种兴奋或专注状态,以至于

92 不能充分运用反思能力"。① 这些说法使得密尔承诺了一种弱父爱主义,根据这种父爱主义,国家与社会可以正当地限制自由,以便防止有害的涉己行为,如果这种行为显然不是产生于深思熟虑的理性慎思的话。

密尔所赞成的这种弱父爱主义往往只要求国家与社会暂时进行一种对自由有限制作用的干预,其目的在于确定自我损害的行为是否显然是自主的,如果不是,就要阻止行动者做出行动,直到他变得(或再次变得)能够自主思考和行动为止。这种弱父爱主义通常与对自由永久性地施加一种限制的做法不相容,也与一律禁止自我损害行为的做法不相容。

当密尔讨论不可挽回地限制自由的契约时,他似乎承诺了一种更强的、更具实质性的父爱主义。在《政治经济学原理》中,他声称国家不应该助长或强制实施不可撤销的契约,②而在《论自由》中,他又主张,国家决不应该承认或强制实施自愿为奴的契约:③

> 在我国和大多数文明国家……如果根据一份契约,一个人应该将自己作为奴隶出卖,或应该允许他自己被别人作为奴隶出卖,那么这份契约便是无效的;无论是法律还是舆论都不会强制实施它。对一个人自愿处置他一生命运的权力作出如此限制,根据是显而易见的,从这种极端情形中尤其会看得非常清楚。对一个人的自愿行为不予干涉(除非是为了别人),其理由正是出于对他的自由的考虑。他的自愿选择就证明了他所选择的是可欲的,或至少是他可以忍受的,而且,如果允许他采用他自己的手段去追求他自己的利益,那么总体而言他的利益可以得到最好的实现。但是,如果他自卖为奴,他就放弃了自己的自由;并且除此一举之外,彻底放弃了将来运用自由的机会。因此,他就

---

① J.S. Mill, *Utilitarianism*, *On Liberty and Considerations on Representative Government*, London, Dent, 1972, p.152.(此处引文与密尔原文略有出入,这里系根据密尔原文译出,中译参阅约翰·穆勒:《论自由》,第116页。——译注)

② J.S. Mill, *Principles of Political Economy*, bk Ⅴ, ch.Ⅺ, sect.10.

③ J.S. Mill, *Utilitarianism*, *On Liberty and Considerations on Representative Government*, pp. 157–158.

在自己的情形中违背了我们允许他自我处置的初衷。他不再自由;而是处于一种境况当中,对于那种境况,我们不可能由于是他自愿选择进入其中的便认为那种境况对他来说一直都是可接受的。自由原则不可能规定他应该有不要自由的自由。被允许让渡自己自由,这其实并不是自由。……[如果没有这种自愿解约的自由,]①或许就不存在契约或约定,唯有那些涉及金钱或值钱的东西的契约或约定除外,对于这样的契约或约定,我们可以大胆地说,不应当有任何反悔的自由。

密尔在自卖为奴问题上的立场是否使他陷入了某种不融贯? 尤其是, 93 这种立场是否要求缩减自由原则? 这里可能有两种观点,根据其中一种观点,密尔是融贯的;根据另一种观点,他是不融贯的。让我们先看看为他的融贯性辩护的观点。② 首先,它极力主张,尽管自由原则确实蕴涵或预设了一条反父爱主义的原则,但自由原则所反对的是以强制的方式限制自由。尽管对自由原则的辩护是通过指出它具有保护其他类型的自由的作用来进行的,但其主题仅仅是免受强制的自由。因此,它所蕴涵的反父爱主义原则是一条只禁止用强制性的行为去阻止人们伤害自己的原则。但是,拒绝把一种契约式的或准契约式的协议变成可强制实施的,这并不涉及任何强制,这是第二点。实际上,这样的拒绝可能会限制自由原则所致力于提升的自主性,但自由原则本身并没有禁止这样一种拒绝。

如果一份自愿为奴的契约不能强制执行这种观点不能得到自由原则的证成,那么它是由密尔自由学说中的什么原则来支持的呢? 完全是由功利原则(要与有利性相结合)来支持的。密尔的观点显然是,应该让哪些协议具有契约式的约束力以及有多大的约束力的问题,只有借助于功利才能得到回答。把自愿为奴的契约变得可强制实施,就会在总体上减少功利,这一

---

① 作者在这里没有引用这句密尔的原文,为了使文本完整,译者在此加上了这句话。——译注

② 为密尔在自愿为奴问题上的融贯性辩护的论证,见 Vinit Haksar, *Liberty*, *Equality and Perfectionism*, Oxford University Press, 1979, pp.250–256(该书书名应为 *Equality*, *Liberty and Perfectionism*。——译注);J.Hodson, "Mill, Paternalism and Slavery", *Analysis*, January 1981, vol.41, no.l, pp.60–62。

点几乎无须论证。有的人通过订立可强制实施的自愿为奴的契约使得自己的福利在总体上有所提升,这个反例并不是很有说服力。因为通过拒绝促进或帮助自愿为奴的契约的强制实施,某种福利就得到了保护,而所保护的福利不是那个行动者自己的福利,而是总体福利。密尔相信,自主与个性作为幸福的必要构成要素所具有的重要性往往被完全忽视。因为,为了确定试图自愿为奴的人是否充分自愿,并监控他的等待期,就要设立一个庞大的官僚机构,这个管理机构很笨重、代价高,而且可能还是效率低下的,所以任何一个体现了一种弱父爱主义的机构都必须基于浪费(wastefulness)这条功利主义理由而被取消。另一方面,如果自由确实是功利的必要构成要素中最受低估的一种,那么一种总体上对自愿为奴表示宽容的政策就应该加以拒斥,因为它可能会支持对自由之价值的普遍漠视。因此,唯有不强制执行这些契约才是合理的。

94　　这种论证尽管很有说服力,似乎也不足以支持我所引用那段密尔的话的语调,因此它们也并非完全显而易见地证明了密尔的融贯性。这使得一位评论者①声称,当密尔思考自愿为奴的情况时,他为了一种能将自由最大化的父爱主义而放弃了一种能将功利最大化的进路。这样,如果密尔认为功利或幸福包含了自由(freedom or liberty),但还包含了其他东西,那么就必须拒斥这种解释。因为幸福的其他构成要素必定偶尔会与自由和自主相冲突,并压倒它们,除非我们准备诉诸一种孤注一掷的权宜之计,即赋予自主性一种相对于幸福的其他构成要素的无限重要性(密尔当然不打算这样做)。无论如何,这种解释都具有一种不可接受的自相矛盾性,因为显而易见,当一个人以不可挽回的方式放弃他的自由可以促进他的利益时,强制性地阻止他这样做的并不是一种父爱主义(因为根据这里的假定,这并没有保护他的利益),而是一种法律道德主义(legal moralism)。如果最重要的价值是自由的价值,而且他的自由在自愿为奴者的各种利益中又确实处于从属地位(在我所假设的那种情况下就是这样),那么这就是一种法律道德主义。这种解释自相矛盾的方面并不会因为诉诸以前的自己与以后的自己这

---

　　①　我心里想到的那位评论者是 D. H. Regan,"Justifications for Paternalism",in J. R. Pennock and J. W. Chapman(eds),*The Limits of Law*,New York,Lieber-Atherton,1974,pp.189 - 220。

种比喻而有所减弱。① 即便区分一生中的几个自己或人格的做法有时候确实是有意义的,保护以后的自己免受以前的自己之害的做法似乎是在阻止"对他人的伤害",而不是任何一种父爱主义。

在反对这些论证时,我认为可以找到一些反驳性的论证来表明密尔在自愿为奴的问题上是融贯的。我已经指出(作为一条支持密尔在这个问题上的融贯性的论据),自由原则本身并不一定会促进自主性,而只是消除了某些以强制的方式妨碍自主性的因素。这一点是成立的,即便我们准备(我认为我们应该如此)把自由原则看作是规范法律强制与公共舆论的道德强制,因为即便根据这种解读,自由原则的力量也仍然仅仅在于,它消除了一类很重要的阻碍自主性的因素。任何一个人不去促进自主的选择与行动,都没有违背自由原则。即便拒绝促进自卖为奴的契约之强制实施确实减少(abridge)了自主性,它也仍然可能提升(promote)了自主性:减少一种价值并没有毁灭它,甚至可能将它最大化了。不强制实施某些契约的做法所涉及的对自主性的削减可以被辩护为一种能将自主性最大化的削减。而且,尽管密尔并不认为一个人存在于自主性当中的利益总是比他的其他所有利益都重要,但他确实认为,当他很有希望实现自主性时,那便是他最重要的利益,而且总体而言应该压倒他的其他利益。如果人们的处境如此之糟糕,以至于一份自愿为奴的契约看上去都有吸引力,那么他们往往并不能很好地评价他们存在于自主性当中的利益相对于其他利益的重要性,而且他们经常会做出错误的计算。即便一个人的利益因为一份自愿为奴的契约而得到最大限度的提升,这也不能作为一个决定性的论据,用来赞成他去订立这样一份契约。因为作为一个功利主义者的密尔必须考虑的不是他一个人的利益,而是普遍利益。对作为人类幸福必要构成要素之一的自主性之重要性的普遍忽视支持着一种普遍的做法,即在密尔所关注的情况中赋予它以优先性。因此,尽管自由原则并不禁止不强制执行自愿为奴的契约的做法,但是这种做法可以得到与促进幸福有关的理由支持。确实,这样一种不强制执行自愿为奴的契约的做法仍

95

① Regan 讨论了帕菲特(Parfit)提出的以前的自己与以后的自己这一比喻的使用,见前引,pp.189-220。

然是一种父爱主义的做法,因为它是参照一个典型的行动者的利益而得到支持的。不过,它并不完全是或并不主要是一种父爱主义做法,而且它所体现的那种父爱主义是一种弱父爱主义,这种父爱主义就在于,不要积极地去促进或帮助行动者根据他们当下的愿望行动。后面这种父爱主义是密尔在其《政治经济学原理》中讨论不可挽回地限制自由的契约时唯一允许的那种父爱主义。当密尔在《妇女的屈从地位》中开始讨论体现于他那个时代的婚姻契约中的自愿为奴(他就是这样认为的)时,[①]他原来反对这种契约的决定性理由是,它们会恶化社会的道德风气,从而减少普遍利益。

密尔反对父爱主义,同时又在极端情况下承认一种弱父爱主义这种立场或许因此而将变得既可理解又可证成,如果我们把下述观点归于密尔身上的话:保护一个人自己的利益不能作为限制其自由的充分理由,因为在可以适用自由原则的情况下,他的利益往往并不能通过限制他的自由来得到提升。之所以如此,是因为个人变成或继续作为一个自主的人是有益的,这种利益比他的其他任何利益都更重要。当然,强制性的干预以及对自由的其他限制或许也是一个人自主思考与行动的能力之增长从经验上看必要的条件。事实上,当密尔(在《论自由》作为导论的那一章)声称自由原则在人们"有能力通过自由而平等的讨论来得以提升"之前无法运用的时候,他已经明确承认了这一真理。他宣称:"在此之前,如果他们有幸能找到一个阿喀巴[②]或查理曼式的君主,他们唯一要做的就是绝对的服从。"[③]尽管密尔乐于承认——实际上,他强有力地声称过——强制是一个自主行动者能力增长从经验上讲必要的条件之一,但是他也同样坚持认为,在文明社会,以及在所有情况下(罕见情况除外),通过赋予人以自由,作为自主行动者的人的进步可以得到最大提升。唯有鼓励人们在一种未因强制性干预而扭曲的选择环境中运用他们作为选择者和推理者的能力,我们才能指望他们发

96

---

① 见 J.S.Mill and Harriet Taylor Mill, *Essays on Sex Equality*, ed. Alice S. Rossi, University of Chicago Press, 1970, pp.236—240。

② 阿喀巴(1542—1605),印度莫卧尔王朝第三代统治者,也称阿喀巴大帝。——译注

③ J.S.Mill, *Utilitarianism*, *On Liberty and Considerations on Representative Government*, p.73. (中译参阅约翰·穆勒:《论自由》,第11页。——译注)

展成为自主的行动者:因为"思维能力与道德能力就像肌肉的力量一样,只有通过使用才会得到提升"。① 除了这些主张自由的教育价值的半经验性主张以外,我归于密尔的那个自主概念还有一个特征,即自主的行为不能被认为是强制下的行为。强制会削减一个人的自主性,即便这种削减总体而言会将他的自主性最大化。因此,尽管如果在一个人一生中的关键时期(尤其是儿童时代)对他的自由进行限制,以便灌输给他一个自主行动者所特有的那些技能与能力,他就可以最好地变成一个自主行动者,但是如果认为自主行动本身可以通过强制来实现,那就是对自主的本性的误解。

或许可以用三个前提来展现密尔对父爱主义的驳斥方式。第一,密尔认为,变成一个自主行动者对每一个人来说都是一种重大利益,同时,他也认为这种观点在一定程度上是在描绘构成人类幸福的性格属性与心智属性。第二,密尔的驳斥预设了一个逻辑真理,即如果行动的决定是在强制下做出的,那么行动就不可能是自主的。第三,密尔提出了一个经验性的猜想,即自主行动能力的其他规定性特征——符合理性(rationality)、批判反思和意志坚定等特征——总体上可以通过运用自由原则并鼓励人们从事"生活试验"来得到最有效的提升。对密尔驳斥父爱主义的论证所作的这种理性重构使得密尔在自愿为奴这个极端情形中的立场成为可以理解的、正当的。当个人有可能会不可挽回地放弃自己有望获得的自 97 主性时,密尔用来支持他对父爱主义的拒斥的最高的证成性价值——即存在于自主行动能力当中那种至关重要的利益——规定了一种很弱的父爱主义。在这个问题上,密尔的观点似乎是合理的,而且也与他的学说的其余部分相一致。密尔在这方面的论点把下述观点看作理所当然的:父爱主义的干预与道德主义的干预或许可以做出区分,而这是一个有的人可能想加以质疑的假定。现在,我要通过对密尔关于法律道德主义和社会道德主义的观点进行总体上的考虑来处理这个问题。

---

① J.S. Mill, *Utilitarianism*, *On Liberty and Considerations on Representative Government*, pp. 116–117.(中译参阅约翰·穆勒:《论自由》,第68页。——译注)

2.道德主义

根据我已经做出的解释,或许可以这样来重申自由原则:它规定,一个人的自由只有当他的行为伤害到他人的至关重要利益时才应该受到限制,在这里,变成一个自主行动者对每个人来说都被认为是最重要的利益。该原则排除了以法律的方式强制实施共同体的积极道德原则,认为这种做法是不合理的;实际上,该原则也允许国家阻止公共舆论强制实施积极道德的命令。唯有对至关重要利益的保护可以证成对自由的限制,无论是社会所施加的限制还是国家所施加的限制。我已经在之前的论述中暗示过,密尔的自由学说(通过至关重要利益理论)为一种道德权利理论奠定了基础。这样,它就变成了下述命题:每个人都可以合理地要求社会保护他,使他享有行为自由(这种自由是自主性在逻辑上的必要条件),享有保障与安全(它们是自主行动者特有的能力之增长在经验上的必要条件),只要这种要求得到满足将在总体上促进人类幸福的实现(幸福被理解为一种繁盛状态,一种依随于自主思考与行动这样一些普遍的人类能力之发展的繁盛状态)。受自由原则所保护的行动自由领域——这个领域是从义务或遵守规则的角度来描述的,却是从它所促进的目标或会带来的后果的角度来证成的——等于一些道德权利的总量,那些道德权利是《论自由》所捍卫的自由社会的规定性特征。密尔在描绘“人类自由的恰当范围”时列举了这些对自由的道德权利或个人权利,它们首先包括“内在的意识领域”,他断定这个领域与表达自由具有不可分割的联系;其次是品位与志趣的自由;再次是结社自由。①

我的观点是,运用这几种行为自由中的任何一种自由都在一定程度上构成了一个自主行动者的生活,因此,一个自由的社会可以理解为一个由自由人构成的社会。而且,我还主张,密尔是根据尊重作为自主思考能力与自主行动能力之承载者的人来为道德领域(不同于明智与审美)划定界线的。

---

① J.S.Mill, *Utilitarianism*, *On Liberty and Considerations on Representative Government*, p.75.(中译参阅约翰·穆勒:《论自由》,孟凡礼译,广西师范大学出版社2014年版,第13页。——译注)

因此,道德的观点是一个关注于保护人类利益的观点,而人类的利益一定程度上既包括了一些事态,那些事态对于自主性的实现来说在逻辑上或经验上是必要的;又包括了一些反事实的偏好,那些偏好可以被合理地归于自主行动者身上。

对道德的定义(根据对人的尊重来界定道德)所做出的这样一种准康德式表述与生活艺术理论所确定的审美考虑领域之间有什么关系? 这个问题的答案可以在下述真理当中找到:尽管自主性(因为它是人类幸福的一个必要构成要素)在一定程度上构成了任何形式的人类自我发展,但是我们可以用卓越或高级快乐来谈论的那些人类活动在范围上仍然很大(不过不是完全不确定)。因为,尽管自主思考与行动的能力之运用是展现任何一种人类卓越的一个逻辑上必要的条件,但对任何人类活动来说,它是自主的这一特征并不因此就可以作为一条标准来表明它是有价值的,因为密尔没有在任何地方主张,一个自主行动者的能力的运用也是他展现一种人类卓越的一个逻辑上充分的条件。

我的一个总体观点是,在密尔的生活艺术理论中,审美评价所关心的正是某些确定的生活方式所特有的美德、优雅(grace)与卓越。诚然,由于我已经指出,对每一种自我发展来说,自主性都是一个必要构成要素,而且我也声称,这种说法符合密尔对"独创性"(originality)与"个性"这些同类词的使用,所以我已经指出,人类幸福作为一个整体,其范围以自主思考能力与自主行动能力为界。在这样一个向自主行动者开放的大量生活方式中,有很多可以辨识出的生活方式(无疑,其中某些生活方式尚未加以考查),每一种生活方式都有它自己的价值标准。当密尔说后面这些卓越与值得尊重的标准(standards of excellence and respect-worthiness)的特性在于它们包含了审美或高尚的考虑时,我认为密尔正是要将它们排除于道德领域之外,从而排除于可强制实施的领域之外。当密尔否认人们负有对他们自己的义务时,密尔所指的正是从向一个自主行动者开放的所有生活方式中选出的某些确定的生活理想所特有的卓越:①

---

① J.S.Mill,*Utilitarianism*,*On Liberty and Considerations on Representative Government*,p.135.（中译参阅约翰·穆勒:《论自由》,第 94 页。——译注）

　　所谓对我们自己的义务不是必须向社会履行的，除非环境使得它们同时也成为对他人的义务。对自己的义务这一术语，如果还有比明智更多的意思，那就是指自尊或自我发展，任何人都无须就这些东西中的任何一种向其同胞负责，因为它们当中没有任何一种是为了他人的利益，而对于他人的利益，他是要向他人负责的。

　　这种对发展自己的义务的拒斥表达了一个必然真理，即向自主行动者开放的任何一种卓越都不能通过运用强制——也就是通过限制自由——来加以提升。由于向自主行动者开放的有价值的活动——比如培养友谊的活动、追求知识的活动、宗教信仰活动、创造并凝视美的活动——的一个特征在于，不能在强制或武力的约束之下来从事它们，所以强制实施"审美"标准的做法之所以不恰当，是基于一个逻辑真理，而不是基于一个实质性的价值判断。因为高尚这种品质不可能产生于武力或强制，所以强制实施可敬性的标准的做法完全是不融贯的，或者至少是自我挫败的。因此，密尔对道德的刻画就会要求他拒绝强制实施具体生活方式所特有的卓越标准。借助于密尔对典型的法律道德主义问题——比如与卖淫和赌博有关的问题——的处理，我们可以找到支持这种解释的证据。在处理这些问题时，密尔唯一担忧的不是压制了某种活动，即在一些体现了某种生活方式的标准看来是不光彩的活动；而是限制了一些人的自由，比如赌场所有人与妓院经营者的自由，我们可以认为这些人在利用他人的意志软弱（从而破坏他人的自主性）方面是既得利益者。密尔反对强制实施积极道德的要求（这种强制实施不能借助于他人的利益来证成），我们同样可以表明这种立场源于密尔的一个认识，即有一些卓越的实现需要一个不受干预的领域，在那里可以进行各种"生活试验"，这些"生活试验"不会受到来自国家与社会的、带有侵犯性的关注。我们再次发现，密尔拒绝强制实施审美与明智领域的标准，这种立场完全是从他对道德的解释推出来的，根据他的解释，道德在本质上是可以强制实施的，而且在很大程度上在于尊重他人的自主性。

　　提升自主性这一总体做法蕴涵了一种立场，即禁止强制实施审美的标准与明智的标准，这种蕴涵意义非常严格，足以使得强制实施这些标准的做法可以被看作是不融贯的或至少是自我挫败的。

或许可以认为,对密尔的论证所作的这种重构在几个重要的问题上犯了乞题错误。首先,许多学者都否认,国家父爱主义的行动计划与法律道德主义的行动计划之间可以像我提出的解释所预设的那样被轻易地、无争议地区分开。其次,许多学者都质疑,如果对他人的伤害是衡量干预之正当性的标准的话,为什么在思考干预最终是否正当时不把通过冒犯他人情感而对他人造成的伤害考虑进去。再次,密尔的某些批评者质疑说,自由原则或伤害原则是否只能合理地运用于可以确定的个人。它一定不能运用于服务于普遍福利的公共机构与实践吗?最后,有些人主张,不道德从本质上说是一件不好的事情,是否可以说它以某种直接的、可公开验证的方式伤害了某个人。某些持这种观点的人还主张,不道德是一件不好的事情,这支持了旨在压制(或至少旨在阻止)它的、限制自由的行动计划。我们立刻就会看到,这里的每一条质疑都重新引起了关于"伤害"的问题,其中的某些问题我之前已经详细讨论过了。

我们以相反的顺序来处理这些质疑。可以说,对于第四条质疑,密尔通过把幸福看作唯一具有内在价值之物做出过回应。因为,就像质疑者一样,密尔认为,错误的行为总是可以恰当地施以惩罚。确实,在密尔看来,一种行为侵犯了他人的利益这一事实绝不足以证明可以对它进行惩罚。因为即便是严厉的惩罚也很少能阻止错误的行为,所以总的目标应该是以惩罚相威胁来威慑它。这样,与纯粹的法律道德主义的某些提倡者不同,密尔并不赞成惩罚的正当性仅仅在于报复。而且,质疑者和密尔在下述观点上是一致的:一种行为的错误性使得我们有一条很好的理由对它进行惩罚;他们的不同之处仅仅在于一个基本的问题上,即究竟是什么因素使得行为是有害的,从而是错误的。 101

第三条质疑更为棘手。在纳税以及许多义务性的公共服务方面,密尔明确地支持强制,在这些情况下,认为某个人不服从就会对其他某个人造成某种明显的有害后果,这是很古怪的想法。对于一个爱好和平却拒绝纳税或拒绝担任陪审员的人来说,说他做了某种对某个人造成伤害的事情,这根本不合理。对于与此类似的质疑,密尔可以给出许多反驳,而且在他的某些著作中,他确实给出了一些反驳。关于某些自然义务,比如承受很小风险去救一个溺水的人,密尔支持一种公共舆论,这种公共舆论谴责那些连最起码的乐善好施行为都不做的人,而且密尔是基于功利主义理由来支持这种公共舆论的。如果存在这样一种公共舆论,背离了这种公共舆论所规定的那种乐善好施往往会导致合理预期落空,因此从功利主义角度来看是令人遗憾的。而且,密尔在《政治经济学原理》中主张,许多益品是所有或几乎所有人都想要的,只有要求所有人都做出贡献去支付其成本,它们才能生产出来。这些益品便是公共产品,由于其不可分性与非排他性,我们不可能基于市场来为它们要价。对于这些益品,相互强制是使它们得以生产出来的唯一可行手段。最后,密尔还借助于作为稳定的社会合作的条件之一的互惠(reciprocity)或公平,这样便能够证明为了维系重要的社会制度而限制自由是正当的。不过,正如我之前所指出的,关于那些其根据在于阻止伤害的制度,密尔借助了一条公道标准,在那些制度中,道德权利的保护植根于至关重要的利益。

不过,论述至此,第二条质疑变得不可避免了:如何看待通过冒犯他人情感而对他人造成的伤害? 我之前已经指出,密尔把至关重要利益总是优先于其他利益作为功利主义行动计划的一条准则加以坚持。某些非常著名且赞成密尔的评论家已经断言,自由原则本身太过严苛,必须用一条冒犯原则(offence principle)来限制它,这条冒犯原则不同于法律道德主义的原则,也不同于任何阻止伤害公共机构的原则。密尔对《论自由》最后一章所讨论的某些问题所持的比较模糊的立场在一定程度上源于他对"有失体统"(offences against decency)或"失礼"的行为(acts in "violation of good manners")的担心。我们不可能在密尔的著作中找到任何关于如何辨识这些冒犯的明确说明,而且,如果存在其严重性足以证成限制自由的冒犯,那么密尔的解释者就会陷入左右为难的境地。① 因为如果是那样,那么要么对感情的冒犯重新进入到功利之列,可以用来支持对自由的限制,要么自由原则就遭到了严重的削弱。密尔以非常随便且不容辩驳的方式处理这个话题,这在我看来表明他认为这个话题不太重要,用他的话说,"与本文主题仅有间接关联"②;而且,他持这种立场的理由或许在于一个信念,即如果所禁止的行为是这样的行为,在公共场所从事这些行为不可避免会冒犯他人,那么

---

① 对此,见 Joel Feinberg, *Rights, Justice and the Bounds of Liberty: Essays in Social Philosophy*, Princeton University Press, 1980, pp.69-109.

② Ibid., p.153.(中译参阅约翰·穆勒:《论自由》,第 118 页。——译注)

自由并没有受到严重的限制。必须承认,这是一个极具猜测性的观点,它本身的价值不大,密尔的著作很少充分地处理过这个问题。

最后,我们是否可以靠地区分开法律道德主义的情形与国家父爱主义的情形呢?显然,任何一种理论,只要它承认存在"道德伤害",就会使得这种区分很困难。在这里,我们需要区分开对伤害概念在运用于道德与父爱主义问题时所持的几种不同观点。在一个极端,我们看到这样一种观点:对何为有害的判断以及伤害概念本身的任何用法总是内在于一种具体的道德观点当中。某些持这一观点的人——比如菲利普斯(Phillipps)与芒斯(Mounce)①——主张,不同道德观点当中被看作有害的东西之间可能并没有也无须有共同要素。这种观点如果作为一种对所有使用了"伤害"一词的话语的解释,它似乎就太强了。因为"伤害"一词还可以用于非道德的语境中,而且在某些情况下,相互敌对的道德体系的提倡者可能会对什么东西有害做出一致判断,却在判断应该做些什么时发生意见分歧。这个极端的观点的一个重大缺陷在于,它没有为属于不同道德实践的人之间讨论谨慎的伤害(prudential harm)与利益问题留下任何空间。一个不那么极端的观点是,由于对什么东西有害所作的判断通常受到道德承诺与信念的影响,所以我们不可能合理地指望这些判断总是没有争议,且在不同的道德观点之间保持中立。这个观点本身并没有为密尔的事业带来重大威胁,因为他可以毫不困难地承认"伤害"指的是一个可以作多种解释的概念。他所做的是主张一种更为有限的伤害观,根据这种对伤害的看法,唯有侵犯至关重要的利益才算伤害。他主要不是把这个观点作为一种对"伤害"的概念分析而提出来的,而主要是把它作为一种以功利主义为基础的建议而提出来的,这个建议是关于下述问题的:哪些伤害应该得到最为认真的对待。最后,应该指出的是,一个承认可能存在"道德伤害"的人并不因此就一定会反对自由原则所蕴涵的反父爱主义。密尔与以哈特②为代表的一方以及与德富林③和詹

---

① 见 D.Z.Phillipps and H.O.Mounce, *Moral Practices*, London, Routledge & Kegan Paul, 1969, ch.6; Peter Winch, *Ethics and Action*, London, Routledge & Kegan Paul, 1972, ch.10。

② H.L.A.Hart, *Law, Liberty and Morality*, Oxford University Press, 1963.(中译本见哈特:《法律、自由与道德》,支振锋译,法律出版社 2006 年版。——译注)

③ P.Devlin, *The Enforcement of Morals*, Oxford University Press, 1965.

姆斯·斯蒂芬为代表的另一方之间的分歧主要不是在下述问题上:是否存在着具有一种十足的道德特征的伤害。这种分歧甚至也不是关于道德是否可以强制实施这个问题的分歧。毋宁说,它是一种关于道德本身的内容的分歧,也是一场围绕道德的权威性之来源而展开的争论。不过,它主要是在评价人性的可能性与限度时所产生的分歧。因为德富林和斯蒂芬的"崩溃论题"①——如果真是凭经验的猜测的话——是有关社会稳定必要条件的理论,密尔相信他有理由加以拒斥。最后,应该加以强调的是,尽管密尔的学说不允许对积极道德进行强制实施,但它并没有排除(而且密尔本人还试图鼓励②)对个人品格与行为问题发表坦率而有力的意见。尽管他似乎并不认为表达这些意见的自由对于一种稳定的社会秩序来说是必要的,但如果(像他的保守主义批评者所认为的那样)这种自由被证明有助于社会稳定,他也不会介意。

3.表达自由

对任何一种自由主义表达理论来说都有效的一个说法是,它必须解释为什么那些对重要的利益造成了明显损害的表达行为可以免受法律限制,要是那种行为(比如说)不是表达行为,而是非表达性的行为,对它加以限制原本是正当的。密尔在很多段落中都承认,表达行为在这方面是一类有特殊地位的行为:③

> 人类在形成意见以及毫无保留地发表意见上,之所以不可不自由,其种种理由已一如前述;这种自由若得不到承认,或者我们不能不顾禁

---

① 对这些"崩溃论题"的精辟讨论,见 C.L.Ten, *Mill on Liberty*, Oxford, Clarendon Press, 1980, pp.86-92。

② J.S.Mill, *Utilitarianism*, *On Liberty and Considerations on Representative Government*, pp. 132-133.

③ J.S.Mill, *Utilitarianism*, *On Liberty and Considerations on Representative Government*, p.114. (中译参阅约翰·穆勒:《论自由》,第65页。——译注)

令地坚持要求它,由此而给人类智识从而给人类的道德禀性带来的种种恶果,也已一如前述;接下来让我们考查这样一个问题:同样这些理由是否要求人们应该依照自己的意见自由行动,也就是说,只要他们自担风险,就应该不受同胞物质上的或道德上的阻碍,将其意见贯彻于他们的生活之中。当然,‘自担风险’这条附加条件是不可或缺的。没有谁会主张行动应该像意见一样自由。相反,即便是意见,如果其表达所处的情形使得它的表达会煽动起某些有害的行为,也要失去其豁免权。

　　在这段话中,密尔承认,表达行为基于阻止伤害的理由享有一种特殊的豁免权,可以不受限制自由的法律规定所限制。基于这样的理由,他赋予表达行为相对于其他行为更多的不受限制的自由。他如何证成这种表面上看不合理的特权呢? 在《论自由》第二章末尾,密尔总结了他用来支持"在所有问题——无论是实践问题还是思辨问题,无论是科学问题、道德问题还是神学问题——上的意见和态度的绝对自由"①的主要论据。首先,他诉诸人类会犯错的事实;其次,他诉诸真理的价值;再次,他诉诸合理性(rationality)的价值,他声称,即便一个意见包含了全部真理,如果它没有在公开的争论中遭受质疑,人们也只是把它作为一个成见加以坚持,并没有理解其理性根据;最后,他诉诸重要信念的价值,他声称,如果不"与相反的意见碰撞",人们的信念就缺乏真诚的观点所具有的说服力。通过列举这四条支持表达自由的论据,密尔辨识出在一定程度上对自主思考具有构成意义的两个特征,即自主思考时所运用的信念与判断所具有的合理性与活力(vitality),缺少了它们,没有谁可以达到"人性理想的完善状态"。通过参考自主思考的这两个构成要素,密尔解决了任何自由主义表达理论所存在的一个吊诡:如果当非表达行为可能会损害人类利益时,对它们加以限制是正当的,为什么当表达行为有可能会造成同样的损害(它们确实往往会造成同样的损害)时,限制实施表达行为的自由就是不正当的? 密尔拒绝限制言论自由的立场是在一以贯之地运用他的一个观点,他认为人在变成和

---

　　① J.S.Mill, *Utilitarianism*, *On Liberty and Considerations on Representative Government*, p.75.（中译参阅约翰·穆勒:《论自由》,第13页。——译注）

继续成为自主行动者方面具有一种压倒性的利益。对表达自由的限制从其
105 本性来说阻碍了自主思考。因为只要个人可以被说成是已经到达了"能力
的成熟状态"，我们就不能融贯地说，他可以放弃自己权衡不同行动理由的
最高权利，同时又仍然把自己看作一个自主行动者。一个珍视自主行动者
地位的自主行动者不得不贬低由于获得了错误信念而给他自己造成的伤
害，以及由于获得了一个信念（无论这个信念正确还是错误）从而通过一种
表达行为而造成的伤害，认为它们总是不如限制表达自由的做法给他和其
他人共同享有的一种利益——即继续做一个自主行动者所具有的利益——
所造成的伤害可怕。因此，尽管一个自主的行动者可能会承认，国家有权利
将各种各样的限制强加于他，尽管他在国家对他的自由所施加的限制是否
合理的问题上依赖于他人的判断，但是他不可能取消他身上那种批判评价
国家的行为与他人的判断的责任（除非他放弃了自己的自主行动者地位）。
然而，履行一个自主行动者的责任是有先决条件的，他必须掌握所有信息资
源、相互冲突的意见与判断，这些东西是理性慎思不可或缺的条件，唯有保
护了充足的言论自由，他才能获得这些东西。密尔容许表达自由原则存在
一个例外，这一著名例外的特征支持着对密尔支持言论自由的推理所作的
这样一种解释，对于那一例外，密尔说道：①

　　说粮商乃是穷人忍饥挨饿的罪魁祸首，私有财产权无异于抢劫越
货，这样的意见如果仅仅通过报刊传播，应当不受干涉；但是，如果向一
群聚集在粮商门前激动不已的暴民发表这条意见，并以标语牌的形式
在他们中间传播，就可以正义地加以惩罚。

当然可以认为，这段话是在诉诸自主思考在"激动不已的暴民"身上之
不可能性，而不是在诉诸这种情况下所说的话会对粮商利益造成的伤害。
因为毕竟，充公法（之所以获得通过，是由于发生于议会争论的理性论辩过
程中的表达行为）可以给粮商造成像任何一种暴民的暴力一样严重的伤

---

① J.S.Mill, *Utilitarianism, On Liberty and Considerations on Representative Government*, p.144.
（中译参阅约翰·穆勒：《论自由》，第65页。——译注）

害。我们再次发现,密尔准备对他的各种自由主义原则设置的限定清楚地揭示了普遍采纳这些原则的理由,即他对创造一个自主行动者构成的社会的至上关注。密尔并不否认表达行为可能是有害的;他坚持说,它们是有害 106 的这一点,总体而言不足以证明限制它们是正当的。

所有这一切并不是说密尔的表达自由理论不存在任何困难。表达行为往往涉及他人,至少就某些表达行为而言,可以在它们与对他人至关重要利益的伤害之间找到一种很强的因果关联。比如,如何看待直接导致了以私刑处死人的种族主义言论? 在一种以权利为基础的理论中,提出下述主张是有道理的:应该惩罚的不是对侵权者的煽动,而只是侵权的行为。但是很难看出这样一个观点如何可以在一种功利主义的观点——即便是密尔的功利主义观点——中得到证成。正如马歇尔(Marshall)在谈到密尔关于诛杀暴君的讨论时所说:①

> 密尔不仅说过,可以恰当地讨论它的合法性,而且还说过,只有当煽动诛杀暴君之后出现了一种公开的行为,并且可以在这个行为与煽动行为之间找到一种可能的联系时,在一种特定情况下才可以惩罚这种煽动。这似乎意指由煽动者以外的某个人做出的其他某种公开行为,它不同于很可能已经足够公开的煽动行为。密尔在这里似乎前后矛盾。或许他应该说,如果一个行为对他人或对社会是有恶意的或有害的,社会就可以恰当地把它说成是犯罪,而且,对于那些与这种行为密切相关,以至于构成了它的一部分,可以看作是实施那种行为的尝试的表达行为,社会也可以进行压制;但是关于诛杀暴君行为之可欲性的讨论、提倡、争论或意见表达绝不能在这种意义上被看作一个恶意行为的一部分。

总之,密尔缺乏一些标准来区分对行为的煽动与关于那种行为之价值的争论和提倡。

----

① Geoffrey Marshall, *Constitutional Theory*, Oxford, Clarendon Press, 1971, pp.156-157.(中译参阅杰弗里·马歇尔:《宪法理论》,陈端洪、翟小波编,刘刚译,法律出版社 2006 年版,第 182—183 页。——译注)

　　密尔《论自由》第二章的论据还面临其他批评。麦克罗斯基(McClos-key)①与阿克顿(Acton)②指出,与密尔的主张相反,所有压制讨论的行为并没有假定人类不会犯错。沃尔夫也指出,③如果基于怀疑论或无知的论据在《论自由》中确实很关键,那么密尔的论据就有一种非自由主义的蕴涵意义,即"错误无权利",就是说,只要我们有一种基于理性的信心相信我们的信念是正确的,我们就可以不宽容。尽管这些批评在针对密尔论证当中某些具体评论时可能有一定说服力,但是它们忽视了密尔的论据的一个重要方面。那就是,在《论自由》第二章以及密尔著作的其他地方,密尔承认,在

107 不同的思想与实践领域,可以有不同的批评与证成方式。而且,即便是在自然科学这样的领域——在这些领域,密尔承认批评的标准在特征上不同于实践事务方面的标准——《论自由》对研究的解释也更接近于一种波普式的④消除错误的过程,甚至也可能更接近于费耶阿本德⑤的多元主义,而不是密尔在《逻辑体系》中所支持的归纳主义。(密尔的可错主义知识理论与他的政治理论之间的联系将在本书第六章考查。)最后,这些传统的批评忽视了一个对密尔的论证来说最重要的问题,即思想自由与表达自由之所以有价值,不仅仅因为它是发现并传播真理的一个手段,而且因为它是信念的活力与合理性——他认为这是一个自由人所特有的特征——的一个条件。

　　让我们更为详细地来考虑这些问题。密尔似乎认为,至少在某些思想领域,如果讨论自由被压制了,问题与论证就不可能得到充分理解,更不要说准则或原则得到采纳了。他说:⑥

---

①　H.J.McCloskey, *John Stuart Mill: A Critical Study*, London, Macmillan, 1971, pp.119–120.

②　H.B.Acton, "Introduction" to Mill, *Utilitarianism, On Liberty and Considerations on Representative Government*, pp.xx–xxi.

③　R.P.Wolff, *The Poverty of Liberalism*, Boston, Beacon Press, 1968, pp.8–15.

④　我当然指的是波普对证伪主义的捍卫,见 *The Logic of Scientific Discovery*, London, Hutchinson, 1959。(中译见波普:《科学发现的逻辑》,查汝强、邱仁宗译,中国美术学院出版社2008年版。——译注)

⑤　对此,见 P.K.Feyerabend, *Against Method*, London, New Left Books, 1975, p.48。(中译见费耶阿本德:《反对方法》,周昌忠译,上海译文出版社2007年版。——译注)

⑥　J.S.Mill, *Utilitarianism, On Liberty and Considerations on Representative Government*, p.99. (中译参阅约翰·穆勒:《论自由》,第43页。——译注)

　　然而事实却是,如果缺乏讨论,不仅意见的根据将被人遗忘,而且连意见本身的意思也常常会被人遗忘。……所留下的不是生动的观念与鲜活的信念,而唯有一些凭死记硬背保留下来的说法;或者即便其意思有所保存,所保存下来的也只是皮毛,其精华则已丧失。

　　在这里,可能有人想指出,密尔认为,在某些思想领域,如果使用的语言要想得到理解,某种承诺或至少是想象的同情(imaginative sympathy)就是必要的。这样,他的主张就变成,这样的承诺或同情将不可能存在,或无论如何往往不会以任何很强的形式存在,如果不对出现于各种话语中的概念与范畴进行经常性的争论的话。在这条主张的第一部分,密尔可能赞成一些人的观点,他们认为,就像宗教语言一样,话语具有一种表达功能和非报告(non-reportive)功能。在这条主张的第二部分,他可能是在说,对某些主题来说,一种辩证推理(dialectical reasoning)尤其合适,它不仅是采纳一些根据充分的信念的手段,甚至也是理解所不可或缺的一个条件。这里至少还残留着一种对研究的看法,认为研究不仅与思想活动具有内在关联,也与某些想象活动和情感活动具有内在关联。而且,密尔很可能是在强调,自主性在思想与实践中的要求在不同的生活方式与思想领域中有所不同。然而,声称这些说法中的某一种在密尔身上显而易见,这是徒劳的;不承认他在《论自由》中的某些说法与这些解释相龃龉,这是不诚实的。108

　　然而在很多地方,我们都可以发现密尔坚持数学知识与其他知识之间的区分:①

　　数学真理的根据之特殊性在于,所有的论据都掌握在一方的手里。不存在反对意见,也就不存在对反对意见的回应。但是在每一个可能存在意见分歧的学科中,真理都依赖于在两组相互冲突的理由之间求得平衡。即便在自然哲学中,对于同样的事实也总是可能存在其他某种解释。……必须证明为什么其他理论不可能正确,如果没有证明这

---

① J.S.Mill, *Utilitarianism*, *On Liberty and Considerations on Representative Government*, p.46. (中译参阅约翰·穆勒:《论自由》,第39—40页。作者的引文与密尔原文略有出入,此处系根据密尔原文译出。——译注)

一点,如果我们不知道是如何证明的,我们就并没有理解我们的意见之根据。

密尔紧接着又继续区分不同的思想领域,这一区分可以被看作是依赖于实践推理相对于理论研究中的推理之特殊性:"当我们转向那些更为复杂的问题时,比如转向诸如道德、宗教、政治、社会关系以及日常生活问题时,为每一种意见所作的论证大部分都是为了消除有利于相反意见的现象。"①

我所指出的实践推理与理论推理之间的区分是很显著的,同一章的另外一个说法也可以表明这一点:"在生活中的重大实践问题上,真理在很大程度上是一个如何调和与融合对立双方的问题,以至于很少人有足够开阔与不偏不倚的心胸怀着追求真理的态度来做出调整……"②密尔在其他很多地方都强调批判讨论的实践不可或缺的作用:③

> 他[指人]有能力通过讨论和经验修正自己的错误。而且仅靠经验是不够的,必须要经过讨论来表明如何解释经验。错误的经验和实践逐渐屈从于事实与论证;但事实与论证要想对人的心智产生影响,就必须被带到心智面前来。如果不用评论来揭示事实的意义,很少有事实能够自己说话。……一个人要想对某一主题求得整体认识,唯一的办法就是倾听持各种不同意见的人的说法,并研究具有各种不同思维特点的人看待它的方式。

他还说:④

> 即便是牛顿的哲学,如果当时不允许质疑的话,人们对它的真理性

---

① J.S.Mill, *Utilitarianism*, *On Liberty and Considerations on Representative Government*, p.46.(中译参阅约翰·穆勒:《论自由》,第40页。——译注)

② Ibid., p.107.(中译参阅约翰·穆勒:《论自由》,第53页。——译注)

③ Ibid., p.82.(中译参阅约翰·穆勒:《论自由》,第21—22页。——译注)

④ Ibid., p.85.(中译参阅约翰·穆勒:《论自由》,第23页。——译注)

就不会像今天这样完全确信。要想维护我们有最充分的根据的信念，唯一可以依赖的办法就是，长期邀请全世界的人来证明它们是无根无据的。如果不接受这种挑战，或者接受了但失败了，我们就依然离确定性很遥远；我们所做的从人类理性的当前状态所能允许的范围来看已经是最好的事情了；我们没有忽视任何接近真理的机会。只要真理的清单保持开放，我们就可以指望，如果存在一个更好的真理，一旦人类心智有能力接受它，它就会被发现；与此同时，我们也可以相信，我们已经在今天这个时代所允许的范围内获得了接近真理的方法。这就是作为一种易犯错误的存在者所能获得的确定性的全部，也是获得确定性的唯一途径。

然而他又说：①

　　苏格拉底的辩证法……本质上是对哲学与人生重大问题的否定性讨论，旨在通过运用高超的技艺去说服那些只知接纳已成老生常谈的公认意见却并未理解相关问题的人，就是说，那些人尚未理解他所信奉之教义的意思。……贬低否定性的逻辑已经成了时下的潮流，这种逻辑指出我们理论中的缺陷或实践中的错误，却不确立肯定性的真理。这种否定性批判如果作为最终的结果，确实显得非常贫乏；但是如果把它当作获得名副其实的肯定性知识或信念的手段，那么怎么高度评价它都不为过；在重新系统地训练人们学会这种否定性批判之前，很少会有伟大的思想家，而且在此之前，除了数学和物理学领域以外，在任何人类思辨的领域，总体上的智力水平都会很低。在其他任何学科上，任何人的意见都不配称为知识，除非他人把同样的思考过程强加给他，或者他自己主动经历了这样的思考过程，这样的思考过程是他与对手进行积极论战所必须要经历的。

---

　　① J.S.Mill, *Utilitarianism*, *On Liberty and Considerations on Representative Government*, p.104.（中译参阅约翰·穆勒：《论自由》，第49—50页。——译注）

110　　密尔的著作没有在任何地方充分地处理这些问题，但我们不能因此就把他对表达自由所不得不说的话草率地打发掉。根据我的解释，他认为表达自由在一定程度上对自主行动能力具有构成意义。而且，至少在某些研究领域，追求真理离不开批判讨论的实践：在这些领域，真理本身有时候在密尔看来无非是开放讨论的结果。基于这些理由，我们是不能在表达自由与其他任何东西之间进行权衡取舍的，除非唯有如此才能预防道德灾难。尽管密尔的论述表面上看似乎赋予了表达行为一种特殊地位，但是一旦认识到这些行为属于自由原则所保护的、存在于自主性当中的至关重要利益之列，我们就可以看到这种印象是不真实的。

第六章　密尔自由学说再评价

1. 自由学说与密尔的哲学

如果我的解释有所揭示的话,那就是,密尔的自由学说借助了他的人性 111
观,运用了他的幸福观。密尔间接功利主义的规定性命题——即直接提升
幸福的做法是自我挫败的——利用了关于人和社会的主张,没有这些主张
的支持,它必定会缺乏可靠性。密尔以一种休谟主义的方式,把人类是具有
有限同情心和理解力的造物看作理所当然的,而且从来不怀疑,任何可行的
道德规范必须把这些局限性充分考虑进去。然而,就其自身而言,密尔间接
功利主义的这一面根本不能支持自由的优先性。在休谟那里,一种间接功
利主义论证得出了一种道德与政治保守主义,在这种保守主义中,自由的主
张没有任何特殊的或重要的突出地位。在一定程度上,密尔与休谟的差异
仅仅在于他相信道德进步的可能性,这种信念植根于他对社会教育和自我
培养之有效性所抱有的几乎是无限的信心。但是密尔对进步学说的坚持本
身并没有表明为什么进步就在于人类自由的提升。为了支持后面这条主
张,密尔似乎必须利用关于人性的主张,而不是利用他在辩护他与休谟共同
坚持的间接功利主义时所承认的那些主张。这一章的一个主要任务就是试
图找出这些主张,并评价它们在多大程度上是站得住脚的。

　　密尔的一个困难在于,他的人性观是否与他对行为和心灵之本性的正 112
式解释相一致,这一点并不清楚。《论自由》一书对自主的人所构成的自由
社会的描绘与《逻辑体系》中所捍卫的哲学心理学立场是一致的吗? 人们
经常以密尔本人讨论这个的方式来讨论它,即他的决定论是否与他对个性

和自我培养的关注相容。众所周知,密尔与休谟都认为,人类行为的因果性(causation)决不是与认为人有自我决定和自我改变的能力的观点不相容。这个相容命题在今天和在密尔复兴它时一样富有争议。很有可能,为了支持这个命题,密尔需要作出一个他从来没有明确作出过的区分,要区分开人通过对外部世界的观察和实验所获得的知识与他们对自己的动机与欲望所具有的反身性的内在知识,然后还需要表明,把人看作自然秩序的一部分以及把人类行动看作自然因果链条的一部分的做法与认为人有通过获得关于自身的反身性知识来改变自己的能力的观点并不矛盾。通过参与生活试验所获得的知识就是这样的反身性知识,密尔在很多地方都暗示过这一点,但是他并没有在任何地方明确地阐明他在心灵哲学中的相容论立场与他对自我培养和从事生活试验的说明之间的联系。我认为我们还没有决定性地表明,一种自然主义和决定论的人性观使得要想赋予人反身思考的能力——通过运用这种能力,人们可以改变并提高自己——是不可能的。如果我的这种想法是正确的,那么密尔的政治理论在这方面就尚未被证明受到了他对心灵与行为的正式解释的侵蚀。我们当然不能简单地认为这里存在着不一致。

另外一个问题涉及密尔的道德与政治理论是否与他对人格同一性的解释相一致。在《论威廉·哈密顿的哲学》(*Examination of Sir William Hamilton's Philosophy*)中,密尔最终不再试图对人格同一性提出一种休谟式的消解论解释(dissolutionist account),倒不是因为他赞成一种整体论解释(holistic account),而是因为他相信整个人格同一性问题很棘手。重要的是,由于密尔总体上承诺了一种经验主义形而上学,所以他不得不接受一种对自我的解释,即把自我解释为复合的(complex)或无所有者的(no-ownership)。确实,在一个经验主义者看来,对人的个体化来说,重要的①最终必定是身体与思想的连续性,这种连续性与严格意义上的同一性不同,是一个程度问题。但是如果对人格同一性所持的这种复合观点是正确的,那么至

113

---

① 我受益于 Derek Parfit, "Personal Identity", *Philosophical Review*, 1971, vol. lxxx, pp. 3-27,以及伯纳德·威廉斯对人格同一性之标量属性的讨论,见 Bernard Williams, "Persons, Character and Morality", 收录于 *Moral Luck*, Cambridge University Press, 1981, pp. 1-19。(中译参见威廉斯:《道德运气》,徐向东译,上海译文出版社 2007 年版。——译注)

少在某些情况下,涉己领域和涉他领域之间的区分就失去了意义,哪怕在一个人的人生中也是如此。我们已经解释了密尔对涉己领域的论述,密尔认为涉己领域的范围是由受保护的至关重要利益——这些利益构成了一个人的道德权利之基础——所设定的,但是如果连续性受到了严重削弱,我们或许就需要在一个人的人生中区分出两个或更多的人格。对于这一做法如何影响到自由主义的功利主义对父爱主义的排斥,我已经提到过了。可以说,任何赋予个人强道德权利——就是说,能够用来反对集体福利的许多要求的那种权利——的原则都必须坚持罗尔斯和诺齐克所谓个体自我之分离性(separateness)的道德重要性。[①] 然而,如果这种关于人格同一性的复合理论是正确的,那么就很难看出这样的道德区分(moral distinctions)如何能找到一个立足点。这是一个很棘手的研究领域,我并不想武断地对它所引起的问题置喙。不过,密尔的道德权利理论与正义理论似乎并非显而易见地像诺齐克的理论那样受到了这个复合命题之正确性的严重威胁。强有力的道德权利论可能有一些特殊的形而上学前提,但是还必须表明它们承诺了一种整体主义的自我观。

还有些不同的问题涉及密尔的道德观与他对科学知识的解释之间的关系。在这一点上,不可否认的是,密尔的道德理论中存在很多缺陷。在他对功利原则的"证明"中,密尔似乎站在两类人之间,一类人(道德认知主义者)认为可以存在关于道德的与实践的价值和原则的知识,而在另一类人看来,采纳这样的原则主要是一个情感与承诺的问题。同样,很难搞清楚密尔在内在价值理论中的立场。有时候,他似乎遵循其功利主义前辈,认为唯有心理状态和感受因其自身之故而有价值,但有时候,他似乎又想承认,活动、关系或事态只要满足了自主的人的偏好就具有价值,而无论它们是否促进了任何心理状态。他站在心理状态功利主义(mental-state utilitarianism)和现代的偏好功利主义(preference-utilitarianism)之间。密尔的道德理论中存在着这些松散的目的,这一点几乎是无可否认的,但是我并不认为这些松散目的对密尔的道德观——即认为对道德是可以做出理性评价的,而且道

---

① 对此,见 R. Nozick, *Anarchy, State and Utopia*, Oxford, Blackwell, 1974, pp. 32—33; and D. H. Regan, "Justifications for Paternalism", in J. R. Pennock and J. W. Chapman (eds), *Nomos XV, Limits of Law*, New York, Lieber-Atherton, 1974。

114　德也可以不断发展——构成了致命的摧毁。我提到的密尔道德认识论及其内在价值理论当中那些不清晰之处并不能表明他对道德戒条的解释——即认为道德戒条依赖于科学上的定理——是站不住脚的。密尔的观点并不是说道德戒条要根据科学法则来证成，而是说任何道德戒条将依赖于关于一些目标——即采纳该道德戒条就会得到促进的那些目标——的假定或猜想。根据密尔的观点，道德将随着科学知识的进步而被改变。密尔在这里的关键假定是，道德就像一般意义上的实践推理一样，具有目的论的结构。这个信念并没有受到我提到的对道德实在论与内在价值的那些怀疑所质疑，尽管如果道德推理不能被当作好像拥有一种简单的结构一样来加以分析的话（诺齐克在《哲学解释》中已经对此做过有力的论证①），这个信念就会被削弱。

　　根据密尔的解释，只有一般而言的科学知识以及具体而言的社会学与心理学知识本身获得了进步，道德生活才会有所进步。密尔对科学知识理论中的归纳法的辩护，以及他在社会科学中运用归纳主义方案的尝试，旨在证实这种知识增长。然而我已经指出了密尔对社会科学所作的归纳主义重建当中所存在的一个令人尴尬的漏洞，即他甚至没有提出哪怕是一条人类行为学的或性格形成的法则。这一漏洞对密尔来说之所以令人尴尬，不仅因为它使得密尔对社会科学的重建不完整，而且还因为它威胁到自由学说是否可以得到科学地证成。毕竟，密尔希望自由学说所依赖的心理学主张可以以科学的方式确立起来，而不仅仅是从常识做出的合理推论。如果自由学说在社会学与心理学中不存在这种科学的基础，它似乎就成了空中楼阁。我在本章下一节会回到这个问题上来，在那里，我考虑了是否可以将这个学说与密尔的自由主义相分离的问题，也考虑了这个学说当中与自由状态之不可逆性相关的一些值得质疑且不太合理的主张。

　　即便补上了密尔人类行为学中那个漏洞，另外一个问题仍然涉及《论自由》的论证与密尔的知识理论之间的一致性。有的学者——其中，费耶阿本德是最有趣也最雄辩的例子——已经指出，《论自由》所预设的知识理论不同于《逻辑体系》所捍卫的知识理论。因此，费耶阿本德声称，《论自

---

　　① Robert Nozick, *Philosophical Explanations*, Oxford, Clarendon Press, 1981.

由》倡导的是一种多元主义的方法论,在那里,许多不同且相互冲突的理论
之重要性以及许多理解世界的不同方法之重要性得到了捍卫。费耶阿本德 115
一度走得很远,以至于赞扬密尔,因为密尔放弃论《论自由》中那种正式的
知识理论(这种理论主张科学方法的统一性)从而表现出值得称赞的不一
致性。① 费耶阿本德的解释找到了密尔的一个真正的困境。如果知识确实
如密尔所希望的那样一定会因为累积而渐增,且科学实践最终会融合于一
种理论,那么密尔似乎就处于一个困境当中。密尔认为,理论承诺的多样性
以及生活方式的多样性是进步的必要条件,但是,如果科学的统一真有可
能,那么这种多样性将受到威胁。密尔意识到了这个困难,这一点表现在,
他建议在知识的进步已经降低或消除了观点多样性的领域建立唱反调的机
制,但是他的这条建议很难解决这个困难。如果我们注意一下密尔提出但
并未系统阐发的在实践生活中的批评和证成与科学中的批评和证成之间区
分,我们就可以离这个困难的解决更近了一步。如果像密尔在《论自由》中
所说的那样,实践问题并不容许科学当中可能的那种解决办法,那么在道德
与政治生活中,就更不可能出现融合于一个观点的现象了。这将限制《论
自由》所预期的说服力,但是也将保留道德进步与知识进步的一个条件。
而且,费耶阿本德本人在其他地方已经指出——在这一点上,据我所知,在
密尔解释者中他是唯一的一个——《论自由》为生活方式上不受限制的试
验与多元主义所作的辩护在《逻辑体系》中有相对应的论证,在《逻辑体系》
中,密尔强调了知识增长的重要性以及科学中要有许多不同理论可供选择
的重要性。费耶阿本德说:②

很有趣的是,[增生]原则的要素甚至可以在密尔的《逻辑体系》中
找到。根据密尔的观点,假说,也就是"我们(在没有现实证据的情况
下或者根据公认不充分的证据)所做出的"假定,而且对于那些假定,

---

① P.K.Feyerabend, *Philosophical Papers*:vol.2, *Problems of Empiricism*, Cambridge University
Press,1981,p.70,note 10。(中译参阅费耶阿本德:《经验主义问题》,朱萍、王富银译,江苏人
民出版社 2010 年版。——译注)

② P.K.Feyerabend, *Philosophical Papers*:vol.1, *Realism*,*Rationalism and Scientific Method*,
p.142。(中译参阅费耶阿本德:《实在论、理性主义与科学方法》,第 165 页。——译注)

"除了人的想象力所构成的限制，没有任何别的限制；我们可以通过解释一种效果来想象某种完全未知的原因（如果我们愿意的话），并按照一条完全虚构的法则来行动"。这样的假说在科学中是绝对不可或缺的。

费耶阿本德的评论表明，密尔"正式的"科学哲学与《论自由》所预设的科学哲学之间的分歧也许比通常所想象的要小得多。根据我的理解，主张密尔的道德理论与政治理论同他对知识、心灵、行为与人格同一性的论述之间具有不相容性这种论调在最好的情况下也尚非定论。即便可以表明它们是合理的，自由学说也并非显而易见会受到破坏。对于《论自由》，我说得最多的就是，它所支持的那种对自由人的看法与密尔哲学心理学的某些方面是一致的，我并不认为密尔对自由的辩护在任何一种意义上依赖于他对其他这些问题所采取的立场。即便密尔的整个哲学被拒斥，自由学说也值得考查，且很有道理。与此同时，毋庸置疑的是，密尔认为《论自由》的论证与他致力于一种关于道德的进步理论的做法是一脉相承的，在这种理论中，一套可修正的道德规范植根于可矫正的科学理论。但是正如我已经有机会指出的那样，密尔事实上并没有赋予自由学说他想要的那种科学知识基础。问题仍然是，这一结论现在是否可以修正；而且，如果不能赋予自由学说以科学知识基础，这一事实是否重要。

2. 自由学说与社会科学

我已详细说明，密尔的自由学说包含了三条主要原则：（1）功利原则及其推论有利性原则；（2）自由原则；（3）作为前两条原则的补充，一条没有言明的公道原则，密尔认为这条原则（就像自由原则一样）不同于功利原则，但可以从功利原则推出来。密尔提出了三种论据来支持采纳自由原则。首先，他借助于关于人与社会的某些自明之理来表明直接功利主义具有一种自我挫败的效果，这限制了我们，使得我们只能采纳间接的、迂回的策略去提升福利。接下来，密尔辨识出某些至关重要的利益，即存在于自主性与安全当中的利益,并声称,任何原则都只有像自由原则那样保护这些至关重要的利益,才能用来确定社会合作的条件。尽管密尔的第一条论据说,一个优秀的功利主义者需要一条与功利原则不同的原则来指导实际行为,但这第二条论据却规定,那条原则是正义理论的一部分,正义理论本身关注的是为道德权利——它们保护着至关重要利益——奠基。第三,密尔提出了一些历史主张和心理学主张,这些主张旨在支持一个观点,即在至关重要利益与它们相联系的道德权利当中,自主性总体上优先于安全。在这些论据中,正是第三条最为明显地也是最为关键地依赖于社会科学理论的内容。但是,是否因为密尔没有亲自提出必需的社会理论,他的论证就失败了呢?

　　如果我们处于一种比密尔更好的处境,以至于能够提供所需要的理论,那么密尔的论证就不会失败。然而事实上,我们的处境比密尔本人好不到哪里去。在我们自己的时代,品格形成的法则并没有得到很好的理解,尽管心理分析和社会心理学研究已经有了几十年的发展,而且对于用来评价密尔对人的看法的证据,我们除了依赖偶然的经验与常识,别无他法。当密尔试图表明人类对自由的重视程度在道德理论中被低估了时,他自己最经常诉诸的正是开明的常识以及未受欺骗的内省式意见。因此,在《妇女的屈从地位》中他宣称:①

　　　　正确地意识到个人独立性之价值(即它是幸福的一个要素)的人,应该考虑一下他本人赋予作为自己幸福之要素的个人独立性之价值。一个人对自己的评判和对别人的评判之间的习惯性差异何其之大,对任何问题的判断之间的差异都难以相比。当他听到别人抱怨说他们不被给予行动自由——就是说,他们自己的意志在管理他们的事务时没有足够的影响力——时,他倾向于问,他们对什么不满?他们究竟遭受

---

① *The Subjection of Women*, in Alice C. Rossi(ed.) , *Essays on Sex Equality*, University of Chicago Press, 1970, pp.236-237.(中译参阅玛丽·沃斯通克拉夫特、约翰·斯图尔特·穆勒:《女权辩护、妇女的屈从地位》,王蓁、汪溪译,商务印书馆 1996 年版,第 347 页。——译注)注意密尔在另外一个地方对常识和内省的类似依赖:"(如果人除了快乐别无所求)这个问题只有通过经验丰富的自我意识与自我观察并辅之以他人观察来决定。"见 *Utilitarianism, On Liberty and Considerations on Representative Government*, London, Dent, 1972, p.36。(中译参阅约翰·穆勒:《功利主义》,第 39 页。——译注)

了什么损害？他们认为他们的事务中哪些方面没有被处理好？如果在回答这些问题时他们没有提出在他看来很充分的理由，他就会充耳不闻，认为他们的抱怨是任何合理的东西都无法满足的人发出的无根无据的牢骚。但是当他对自己做判断时，他有一条截然不同的评判标准。

在这里，我们看到了密尔对于作为幸福构成要素之一的自由之价值所作的最典型的论证。在这条论证中，既借助了心理实在论，又诉诸了道德想象。根据这条论证，我们往往在涉及自己的时候把某些东西看作理所当然的，比如我们往往认为，独立性和自我指导的活动对于维系幸福不可或缺的自我价值感来说很重要，而在考虑别人的生活时，我们却习惯性地忽视这些东西。这样一种论证没有被给予（或者它也不需要）科学的社会心理学基础，但它完全是密尔的著作所特有的。像考林（Cowling）①这样的学者对密尔与实证主义之间的联系印象深刻，他们倾向于低估他对实证主义的某些主要信条的尖锐批评。这些学者正是忽视了这种常识性方法在密尔为自由所进行的论证中的支配地位。我在这里的观点是，尽管密尔从未放弃用一套统一的方法将社会科学与自然科学联系起来，尽管从他的立场来看，自由学说只要尚未（与生活艺术的其余部分一道）建立在科学知识的基础上，就必定仍然是不完整的，但是，密尔从常识与日常经验出发，提供了有力的论据来支持自由学说所依赖的对人类心理的描绘。他所给出的论据完全是道德论据，也应该作为道德论据来评价。由于无论是密尔还是其批评者都不具有那种可以使我们得出一个决定性结论的知识，因此对其学说的心理学假定之评价必定是一个见仁见智的问题。至少，我们尚未表明密尔对《论自由》所关心的那些人通常的道德心理的看法肯定是不合理的。

对于密尔，我的主张无非是说，他的论证表明，一种对自由的承诺用功利主义的话说是一次合理的打赌。仍然可以认为，密尔本人将对如此中庸的一个结论感到不快，我也不想尝试着去抵制这种指责。密尔自始至终都希望他对自由所作的随便的、非正式的论证被来自于人性科学的论证所取

① Maurice Cowling, *Mill and Liberalism*, Cambridge University Press, 1963.

代。鉴于密尔区分了艺术与科学,并认为科学本身具有彻底的归纳性,所以这样的论证永远不会具有推理上的严格性,而且我们也不清楚他会如何回应个人独立性与幸福之间的关系问题上相反证据的逐渐增加。(比如,他会如何看待涂尔干对失范[anomic]所作的猜测性研究?)或许他会坚持认为所有这样的研究都是可错的,并尝试从这一可错论的前提得出一套自由主义的道德。也许最终他会尝试着将他那种亚里士多德式的幸福观与一种更具亚里士多德主义色彩的人性观相联系,尽管这种做法会与他所有的经验主义承诺相冲突。如果我们比密尔本人更为中庸,并准备将自由学说与建立统一的人性科学的计划相分离,那么所有这些策略中没有任何一种对我们来说是必要的。但是,这样一种分离是否由于将自由学说与密尔的自由主义相分离而对自由学说有致命的削弱呢? 让我们拭目以待。

3. 自由学说与密尔的自由主义

如果真有谁称得上一个真正的自由主义者的话,那非密尔莫属,但尽管如此,要界定他的自由主义并非易事。社会哲学家们对自由主义的规定性特征并不存在普遍的共识,如果有这种共识的话,我们倒可以参照它来衡量密尔的自由主义承诺。然而,根据任何合理的理解,密尔都是自由主义者的典范。根据德沃金与阿克尔曼(Ackerman)的说法,[①]如果我们把任何旨在捍卫并关注道德中立性——即在不同的好生活观念中保持中立——观点的社会哲学都看作是自由主义,那么密尔确实就是一个自由主义者:如果正如我从头到尾一直主张的那样,密尔从未放弃或严重违背古典功利主义关注欲求的特征,那么密尔显然就是一个自由主义者。因为关注欲求的功利主义必定平等对待所有生活方式,无论那些生活方式体现的是何种好生活观念,只要它们关注欲求的内容是一样的。功利主义的这一方面保留在密尔的学说中,在密尔的学说中,一种限制性的伤害概念和一种修正后的幸福观

---

① 关于不同版本的自由主义中立性理想,见 Ronald Dworkin, *Taking Rights Seriously*, London, Duckworth, 1977, and Bruce Ackerman, *Social Justice in the Liberal State*, New Haven and London, Yale University Press, 1980。

得到赞许,因为采纳它们便能够最大限度地促进满足欲求的事业。

　　根据这种流行的而且在我看来也是恰当的检验标准,即是否承诺了这种道德中立性,密尔是一个十足的自由主义者。密尔还持另外一条信念,那条信念同样属于自由主义,但与自由学说之间的联系远没有那么显而易见。这便是对自由状态实际上的不可逆性的信念,在密尔那里,就像在其他自由主义者那里一样,这条信念与一种乐观的历史进步学说相联系。就是说,与法国实证主义者和大多数英国功利主义者一样,密尔认为人类历史作为一个整体显示了一种朝向道德进步与知识进步的内在趋势(尽管这或许不是一条不可动摇的法则)。不过,与法国实证主义者和他的某些功利主义前辈不同,密尔从来没有想过,在他那个时代,要想获得更多的进步,就必须削减他所捍卫的那些自由主义式的自由。因此,在这方面,密尔也是一个不折不扣的自由主义者,但是也正是人与历史具有内在进步性这样一条信念最难给予令人信服的论证。我们并不清楚,为什么自由状态应该具有密尔归于它那种不可逆性。习惯于做出自己的选择的人们会更喜欢继续自己做选择,这一说法对密尔来说只能是一次基于归纳法的打赌,它植根于社会心理学上的猜测。除非密尔乐意放弃经验主义,并表明他支持的是本质主义对人的定义,否则这一说法不可能获得绝对的确定性。如果要想维系他关于人类历史内在进步性的信念以及自由状态不可逆的信念,后一种做法或许是他唯一的选择。

　　对密尔来说,毫无疑问,自由学说与他的自由主义更为重要的一些主张关系密切。我认为,如果我们认为对自由的承诺建基于就人性之未来所作的一次归纳法基础上的打赌,我们就应该采取一种比密尔的论证策略具有更融贯的经验主义色彩的论证策略。如果我们这样做,我们就会牺牲密尔的自由主义信念提供给他的那种道德确定性,但是那种确定性与他整个哲学的经验主义特征相矛盾。与此同时,我们将把自由学说变成一种具有更直接的经验主义色彩的论点。它将依赖于某些社会与心理条件,而且仅仅在这些条件得到了满足的文化环境中才有效。我们将比密尔走得更远一步,他承认,自由学说唯有在文明达到了一定阶段才适用,而我们要承认(密尔很少承认这一点),我们无法确信文明总是可以维系。野蛮仍然是一种永远都有可能的事情,只要野蛮的社会心理与道德心理占主流,自由学说所需要的条件就不再能得到满足。在我看来,对任何一个不愿意诉诸孤注一掷的本质主义的权宜之计——即简单地认为人类繁盛受到自由状态的限制——的人来说,以这种方式将自由学说与密尔自由主义更重要的一些主张相分离似乎都是一种不可避免的策略。因为如果简单地认为人类繁盛受到自由状态的限制,密尔的论证事实上就不再是一种功利主义论证了,在功利主义论证中,只考虑满足欲求的要求。

为了陈述我的讨论之结论,我想说,密尔分层次的功利主义所包含的各个层次之间冲突的可能性——密尔唯有借助于一种不合理的进步理论才能避免这些可能性——必须得到公开的承认。不能排除这些层次之间冲突的可能性,因为人与人之间对人类的能力和前景存在着合理的分歧,而且根据密尔自己的论述,人性就我们所知并不是固定的或已经定型的。然而,这些冲突如何发生呢? 在第二章最后一节的末尾,我声称,如果把密尔的功利主义看作一种具有三个层次的理论,这三个层次分别适用于所有有感觉的造物、所有的人以及具有自主选择能力的人,那么密尔的功利主义就可以得到最好的理解。然后,在第三章第一节末尾,我提到了密尔在《逻辑体系》中对社会稳定不可或缺的条件的解释。正是这些社会稳定的条件——包括一套教育和规训制度,它限制了人自私且反社会的激情,也包括对基本原则与制度的忠诚感,以及觉得大家具有共同性或是一个利益共同体这样一种感觉①——在一定程度上激发密尔拒斥任何一种直接功利主义。它们显然在密尔分层次的理论的第二个层次(我之前已经这样叫它)上影响着功利主义道德的运用,考虑了一些关于人的重要的一般性事实,而且也进入了密尔对社会合作的条件的论述。当有人认为运用第三个层次上的要求——即保护自由并支持作为幸福构成要素之一的自主性——可能会破坏在第二个层次上得到保证的社会稳定时,冲突的可能性就出现了。陈述同样观点的另一种方式是指出,第三个层次事实上永远无法达到。沃尔海姆对密尔功利主义所作的分层次的解释与我的解释有很多共同特点,他拐弯抹角地提到一种类似的冲突,他说"当初级功利主义的命令与简单功利主义或复杂功利主义——无论哪一种都是有关的——的命令相冲突时,除非功利遭受非

① *A System of Logic*, bk 6, ch.10, sect.5.

常严重的减损,否则初级功利主义的命令就具有优先性。"①沃尔海姆对密尔理论的解释与我的解释不同之处在于,沃尔海姆的初级功利主义涉及灌输一些享受高级快乐所必需的能力,而简单功利主义与复杂功利主义又对追求幸福与遵守次要准则之间的关系作了不同的解释,前者认为这种关系是工具性的,后者则认为在一定程度上是构成性的。然而,密尔的理论的各个层次之间可能存在冲突这样一条反驳适用于我的解释,同样也适用于沃尔海姆的解释。沃尔海姆告诉我们,对密尔来说,"通过教育来让人达到可
122 以获得幸福的状态比获得快乐或幸福更为重要"。② 但是如果初级功利主义的功利事实上有严重减损,那么密尔的功利主义如何能够取得成功呢?

对《论自由》的论证,保守主义总是质疑说,自由主义社会下功利的减损确实"非常严重"。这便是詹姆斯·斯蒂芬的质疑,也是陀思妥耶夫斯基的《卡拉马佐夫兄弟》中那个宗教大法官的观点(在那里,这种观点以一种更富想象力且更强硬的方式表达出来)。如果这样的批评真的站得住脚,那么自由学说无疑会遭到严重削弱。这样,功利主义将不得不回到边沁和奥斯丁的学说,在他们的学说中,当然也可以找到一种功利主义的道德权利理论,不过在这种权利理论中,最重要的是安全而非自由。在这种情况下,《论自由》的作者及其先辈之间就会出现一道裂口,而且(与本书中所包含的修正观点相反)功利主义传统的连续性也被打破了。密尔将再次被看作这样一个思想家,即试图借助一种很大程度上是格言式的、不合理的人性观以便从功利主义伦理学所隐含的权威主义中寻求慰藉。我已经指出,我们缺乏证据来科学地评价密尔的人性观。当然,还不能说证据显然于密尔不利,或者显然有利于其保守主义批评者。很可能密尔过于乐观了,他的功利主义的第三个层次在其中发挥作用的社会远远比他所认为的罕见。如果是这样,他的学说仍然没有被推翻,只不过只能加以更为有限的运用罢了。然而就人类的未来而言,他的理论的第三个层次所体现的对自由的承诺总体而言只能具有打赌的性质。它并不是由无可争辩的证据强加给一个功利主

① Richard Wollheim, "John Stuart Mill and Isaiah Berlin: The Ends of Life and the Preliminaries of Morality", in *The Idea of Freedom*, Oxford University Press, 1979, p.267.(中译参阅《密尔论自由》,约翰·格雷、G.W.史密斯编,樊凡、董存胜译,吉林人民出版社2011年版,第163页。——译注)

② Ibid., p.267.

义者的承诺,它也得不到关于人与社会的偶然却不可改变的普遍事实的支
持,而其理论的第一和第二个层次是得到了这种事实支持的。密尔的保守
主义批评者基本的错误在于,忽视了密尔的功利主义生活艺术理论所具有
的理论性特征和间接性特征,并提出了一条没有根据的、武断的主张,即现
有的证据决定性地推翻了其第三层次上提出的心理主张与历史主张。我的
观点是,对自由优先性的承诺或许是合理的,即便我们手里的证据不会把任
何行动计划作为唯一一种可以从功利主义角度证成的行动计划强加给我们
(这一点显然是事实)。

　　我的解释的劣势在于,由于把自由学说与密尔自由主义更重要的一些 123
主张相分离,它允许自由学说仅仅支持一种关于自由的打赌。然而,将《论
自由》与密尔自由主义更重要的问题相分离确实有相应的优势。在我看
来,如果自由学说不得不依赖于密尔对人类社会的进步阶段所持的那种孔
德主义观点,或依赖于他的下述主张:功利主义应该作为一种人性宗教,那
么自由学说就被削弱了。另外,以我所建议的方式解释密尔的学说使得我
们能够更牢固地抓住他本人所作出的一个重要区分。我指的是关于自由之
正当限制的理论与对国家之恰当功能的说明之间的区分。对密尔来说,国
家的任务除了实施自由原则与关于公道的补充性戒条以外,无非是通常那
种权宜问题,即"时间、地点和环境"问题,不能从任何一般性的原则推出
来。当然,密尔赞成把国家不干预社会生活作为一种一般性的做法,但是他
允许很多例外,而且他明确地说,当国家的行为是"非命令式的"时,就是
说,当国家的行为不涉及强制或限制自由(除非是为了征税并对税收进行
配置)时,不能详细地或一劳永逸地划定国家行为的边界。这样,我们就发
现,密尔本人在他的著作中承认,不干预原则尽管得到许多与自由原则一样
的理由的支持,却是与自由原则不同类型的原则。自由原则规定了一种对
国家行为的约束,一旦达到了必要的文明水平,这种约束就是国家必须遵守
的;而不干预原则仅仅提出了一个反对国家行为之扩展的重要假定。当他
在《论自由》最后一章讨论国家行为的范围时,很显然,密尔在这个问题上
的意见尽管源于类似的关切,却试图引起我们的重视,希望我们把它们看作
一般性的考虑,而不是看作对政治生活的刚性约束。在《论自由》最后一
章,他本人以一种堪称典范的清晰性阐明了这个问题。他在那里说:"对于

不涉及侵犯自由的政府干预,反对理由有三种。"在详细说明反对政府干预的第三种理由时,他继续说:①

> 如果公路、铁路、银行、保险公司、大型股份公司、大学以及各个慈善机构全都成了政府的分支;市政委员会与地方议事会以及所有下放给它们的机构都变成了中央行政系统的分支;所有这些机构的雇员都要由政府来任命并发工资,而且他们生活上的每一次提升都要仰仗政府;那么没有任何出版自由和民主的立法机关可以把英国和其他任何国家变得自由,除了让它们徒具自由之名以外。

这里,密尔的观点是,扩大政府对社会生活的干预范围尽管"不涉及侵犯自由",但是如果超出了一定的限度(即便这一限度必然是不确定的),仍然可能会有效地扼杀自由。

自由学说与关于国家行为恰当范围的理论之间的这种区分有一个至关重要的蕴涵意义,即自由学说没有谈到社会主义问题。一个接受自由学说的人可能像密尔本人一样赞成某些类型的社会主义试验。当然,密尔并没有认为现存的财产权构成了这样的试验不可逾越的障碍,不过他希望这样的试验应该是高度自愿的。② 另一方面,对现有证据作不同理解的人对国家的恰当功能可以采取一种更具限制性的观点,甚至可以认为国家的恰当功能仅限于实施自由原则。密尔的自由至上主义批评者③的基本错误在于,由于忽视了密尔本人在对自由的正当限制与国家干预之限度问题之间的区分,他们没有注意到最后这种可能性。再者,自由学说中没有任何因素阻止国家去做超出阻止伤害之外的事情,也没有任何因素阻止国家去为其

---

① *Utilitarianism*, *On Liberty and Considerations on Representative Government*, p.165.(中译参阅约翰·穆勒:《论自由》,第 132 页。——译注)

② 对密尔关于社会主义的看法的论述,见我的"John Stuart Mill on the Theory of Property", in A.Parel and T.Flanagan(eds), *Theories of Property*:*Aristotle to the Present*, Waterloo, Ontario, Wilfred Laurier University Press, 1979, pp.257—280。

③ 关于这种错误的一个例子,见 Ellen Paul, *Moral Revolution and Political Science*:*The Demise of Laisser-Faire in Nineteenth Century British Political Economy*, Westport, Conn., Greenwood Press, 1979。

公民或一般的人谋利,只要这些福利主义行为不涉及对自由的强制或"命令式的"限制。重要的问题在于,这些做法中的任何一种都不是不可避免的。密尔的自由原则并不能排除他支持社会主义的可能性,同样,他的功利主义承诺也并没有约束着他,使他去支持福利主义行动计划。

因此,国家不干预社会事务这条原则是一条独立且不同的原则,它不是自由原则,也不是密尔自由学说的任何组成部分。我已经承认,它得到许多作为自由原则之根据的功利主义考虑的支持,但是密尔以一种非常不同的方式对待它,把它作为一条可错的经验法则,它可以从功利原则推出,但不能被认为是在为直接追求功利的做法施加一种(能将功利最大化的)约束。我们在评价密尔对国家干预之限度的看法时要知道,密尔是把它们作为适合于他所处时代环境的建议而提出来的。但是我的目的不是要从密尔的角度或我们的角度去解决密尔对国家功能的看法是否合理这样一个宏大的问题,而只是想指出,对他在这些领域中的观点的质疑并不是对他的自由学说的批评。

4. 自由学说的功用

我已经解释过,自由学说表现出一种对自由的承诺,这种承诺体现在一套可以从功利主义角度加以捍卫的道德权利当中。如果我已经表明这一温和的主张是不能加以合理怀疑的,那么我就已经推翻了传统的密尔批评者的一个核心主张,即密尔在《论自由》中致力于为一种功利主义的自由权奠基的工作是一种概念上和道德上都不可能完成的任务。我们仍需面对对密尔的一种不同的批评,即他的自由学说未能为实践生活提供密尔期望于它的那种指引。

麦金泰尔最近在他重要的研究成果《追寻美德》中以一种激进而简明的方式提出了我心里想到的这种反驳。他评论道:

> 密尔主张边沁式的幸福观需要加以扩展,这当然是正确的;在《功利主义》中,他试图在"高级"快乐与"低级"快乐之间做出一种重要的

137

区分,在《论自由》和其他一些著作中,他把人的幸福的增加与人创造力的扩大联系在一起。但是这些修正的结果意味着,幸福概念不再是一个统一的、简单的概念,也不能为我们的关键选择提供一条标准,这固然是正确的,但也是任何边沁主义者无论怎么改造自己的观点都不会承认的。

麦金泰尔得出结论说:"理解了快乐与幸福具有多种形态,当然就使得这些概念对于达到功利主义的目的毫无用处。"①我相信,前几章的论证表明麦金泰尔的说法过于夸张了。密尔的幸福观之抽象性与复杂性表明他试图用一种心理实在论的精神认真对待人类目的的多样性,并试图把幸福等同为对自己选择的目标的成功追求,而不是等同为具有某种感觉。而且,至关重要利益理论旨在找到人类幸福当中根本性的、构成性的要素,并用功利主义的理由来说明为什么这些要素应该优先于其他要素。麦金泰尔的说法只是假定但并没有证明下述说法:密尔把功利主义伦理学与一种更现实且更复杂的心理学相嫁接的做法注定会失败。但是为什么会这样?

这并不是说密尔的幸福观包含了基本实践困境之解决所需要的要素。考虑一下那一对至关重要的利益。无疑,它们并不能彻底相分离,因为给予存在于自主性当中的利益以可靠的保护,这是自主性本身之保护的一部分,而要保护存在于安全当中的利益就必然会保证一个自由行动的领域不受任意侵犯。然而,即便自主性与安全不能彻底相分离,它们仍然是不同的利益,而且不同的行动计划将会对它们造成不同的影响。当行动计划对这些利益有不同的影响,而它们又彼此冲突时,对于应该支持哪一种利益,我们仍然可以发生分歧而不失为合理。确实,密尔认为,当没有弄清自主性与安全孰重孰轻之前,总是应该暂时优先考虑自主性,但是他并没有认为,自主性必须以一种词典式顺序优先于安全,正如这一对至关重要利益优先于其他利益一样。因此,即便对密尔来说,这个问题仍然存在。也许密尔的假定是,就像高级快乐一样,对于实践问题的回答,自主的、有经验的人的判断将

①　Alasdair Macintyre, *After Virtue*, London, Duckworth, 1981, pp.61-62.(中译参阅麦金泰尔:《追寻美德》,宋继杰译,译林出版社 2003 年版,第 81 页。——译注)

在一个比较有限的范围内达成一致。当然,密尔的道德与政治思想中有一个很务实的转变,这个转变可能会导致这样一条建议。在这种情况下,将自由原则运用于干预问题之前,必须先诉诸密尔用来支持其最高快乐理论的那种决策程序。然而我已经指出,面临一个行动者自己的幸福的诸要素之间的冲突时,那种决策程序失败了。不可否认的是,密尔的学说并没有处理价值之间这些最终的冲突,或者说没有处理这些冲突所引起的实践困境。在这种意义上,那些试图对一种价值多元论和密尔的功利主义进行调和的人——沃尔海姆在回应伯林对密尔的批评时就是在这样做①——并没有去面对幸福的某些要素之间具有不相容性的问题。沃尔海姆本人也隐隐约约地承认了这一点,在他所做的富有启发性的莱斯利·斯蒂芬讲座(Leslie Stephen Lecture)*The Sheep and the Ceremony* 中,他承认:②

> 在这个领域(即初级功利主义领域),不存在得出清楚的回答的机 127
> 械方法。如果我们拥有关于人的品格之形成的非常肯定的法则,或密
> 尔所谓的"人类行为学",答案或许就唾手可得。如果没有答案,这样
> 的问题必须通过试错法(trial and error)来解决,而在这种情况下,错误
> 的标准本质上是有争议的,与试探相关的证据在范围上也远远超出了
> 直接的或不合格的功利主义所能容许的程度。

由于密尔的学说没有谈论这个问题,它不能给出密尔要求且期望于它的那种实际可行的建议。功利原则要求些什么仍然不清楚,因为我们还不清楚应该如何权衡其相互冲突的要素。实际上,对于一个价值多元论者来说,要对不可通约的东西进行这样一种权衡是不可能的。如果要区分开功利主义与价值多元论,那么它们之间肯定具有这种分歧。仅仅由于密尔从功利主义角度捍卫的一个关键主张,即在他所关注的那些情况下,总是应该把至关重要的利益置于人们的其他利益之上,密尔的理论仍然是一种功利

---

① 对此,见 Bernard Williams,"Conflicts of Value", in *Moral Luck*, Cambridge University Press,1981,pp.71-82。

② Richard Wollheim,*The Sheep and the Ceremony:the Leslie Stephen Lecture*,Cambridge University Press,1979,pp.32-33.

主义理论,可以与价值多元论相区分。仅仅出于这种原因,密尔的功利主义并不会遭受伯纳德·威廉斯用来反对其他某些形式的间接功利主义的那种命运,即要想成为有效的,它就必须在世界上不留下独特的痕迹。①

密尔的理论并不能拯救我们,使得我们不必在幸福的各种要素之间做出令人不快的选择。它也无法逃避自由的主张通过人的利益与品格的大量变化给它造成的威胁。如果这种学说没有了可以从密尔的人类进步理论那里要求的那种可疑的支持,就必然会得出这一点。② 仍然可能有人会认为,即便做出这些限定,我也对这一学说要求过多。毕竟,密尔本人已经告诉我们:"如果有人问我用哪一种政治哲学体系来替代我(在那场精神危机后)所舍弃的哲学,我会回答说'不用任何体系'。我只是深信,真正的体系比我先前所想的要更复杂更多面。"③难道密尔在这里没有否认某种甚至和我归于他那种自由学说一样确定的东西吗? 我认为没有。密尔放弃了边沁式的心理学与政治哲学的粗陋方面,并采纳了一种进步理论作为其道德思想与政治思想的核心原则,这并不影响我的一个说法,即他的著作包含了一套系统的自由理论,《论自由》本身只是其中最重要的一部分。《逻辑体系》中所阐述的那种生活艺术理论,它在关于人类生活所有领域的思想的批评层面和实践层面之间所作的区分,以及它对一种评价性而非规约性功利主义的提倡,这些都与《功利主义》的论点具有明确的联系,而这些又通过许多明显且可以理解的方式与《论自由》的论点相联系。提出一种关于自由的学说是密尔公开宣布的《论自由》的意图。如果他的事业真正的局限性在于它夸大了教义式的政治理论的实际力量,这也并不意味着在那里没有学说可评价,同样,他自己与何全面的哲学体系有联系,也并不意味着他就是一个不成体系的思想家。事实上,密尔的学说不可能为解决所有涉及自由

---

① Bernard Williams, "A Critique of Utilitarianism", in *Utilitarianism: For and Against*, Cambridge University Press, 1973, p.135.

② 密尔的自由学说由于并不以他的人类进步理论为前提,因此不会面临迈克尔·奥克肖特对密尔一般性的政治哲学所提出的那种批评。见 Oakeshott's *Rationalism in Politics*, London, Methuen, 1962, p.136.

③ J.S.Mill, *Autobiography*, 第 5 章,第 17 段。这段话可见于 Max Lerner(ed.), *Essential Works of J.S.Mill*, New York, Bantam Books, 1961, pp.98-99。(中译参阅约翰·穆勒:《约翰·穆勒自传》,第 98 页。——译注)

之界限的重要问题提供一种机械的规则,无论他是否对他的学说提出过这种要求。

然而,密尔理论的这一根本局限性并没有使它完全丧失实践上的有用性。它揭示出一个实践冲突与道德冲突领域,密尔的理论不能提供彻底的指导去解决这种冲突,但是这并不是说密尔的理论面对这样的冲突沉默无语,或者对于这些冲突发生的语境什么也没说。这种批评并未触及该学说关键的主张,即有功利主义的理由去赋予存在于自主与安全当中的至关重要利益以特殊的豁免权,它们可以免于功利主义的权衡取舍。如果这条关键的主张得到了支持,那么密尔的理论似乎就好过一些自由主义学说,那些学说由于把自由权以及其他权利看作不证自明的,从而有效地放弃了证成自由的努力。幸福的要素可能相互冲突,很难进行比较,这一点并没有推翻密尔理论核心的、最重要的主张,而只是限制了它在实践上的指导行为的力量。

尽管这种对密尔学说最有力的批评限制了其功用,并使得密尔对它寄予的某些希望落空,但是它所指出的存在于密尔学说中的局限性并非密尔学说所特有。当我们需要解决实践生活中最根本性的困境时,它却无能为力,这是所有社会哲学的一个特点。因此,严格来说,这种批评与其说是对密尔学说的批评,不如说是对任何一种忽视了道德与政治生活不完全由理论来决定这一事实的社会哲学的批评。而且,该学说这一根本性的局限绝没有使得它丧失实践上的力量或当代意义。由于认为大量的考虑——我们只提几种考虑,比如福利主义的、父爱主义的和道德主义的考虑——都不足以证成对自由施加限制,该学说的活力仍然富有争议。由于提出了一种分层次的功利主义解释来说明哪些理由不能作为限制自由的政策的重要理由,这一学说很有趣,但并没有得到其应有的广泛讨论和批判评价。即便这一学说未能实现密尔对它的所有期许,它也仍然具有实践上的功用与哲学上的吸引力。

这样,这一学说的范围可能比密尔所认为的更窄,其处理实践困境的能力也比密尔所期望的更弱。不过,其独特的长处仍然维持不变。它是一种尝试,即试着向那些不太关心自由的人表明自由有什么好处。只要在密尔的读者中还有这样的人,他们知道自由的好处,或者他们的性格与处境暗示

129

了他们迄今为止尚未承认的对自由的珍视，那么《论自由》就仍然值得一读。事实上，《论自由》仍然是支持自由主义原则的有力论据，即便它所捍卫的社会秩序颇为罕见、难以实现且不可能长久维系。

跋

约瑟夫·德·迈斯特(Joseph de Maistre)曾经说过,当卢梭追问为什么   130
生而自由的人却无往不在枷锁之中时,这就类似于在追问为什么生而食肉
的绵羊却无处不在吃草。俄国激进派亚历山大·赫尔岑也以类似的口吻
说,我们根据动物的类型,也就是根据经常发现联系在一起的那些特征与习
惯来对动物进行分类。这样,鱼的一个规定性属性就是它们倾向于生活在
水里;因此,尽管会出现飞起来的鱼,但我们一般并不说鱼的本性或本
质——它们被创造出来的"真实"目的——就是飞,因为大多数的鱼都达不
到这一目的,而且没有在这方面展现出最微弱的趋势。然而就人而言,而且
仅就人而言,我们说人的本性是寻求自由,即便只有极少数人在其一生中真
的追求过自由,而绝大多数人大多数时候都对自由没有多大兴趣,似乎满足
于受制于人,寻求得到那些为他们提供充分的食物、住所、生活规则的人的
善治,而不寻求自治。赫尔岑问道,为什么唯有人是根据极少数人因其自身
之故而追求之物(为之积极奋战者就更少了)被归于一类? 这种持怀疑态
度的反思是由一个终身受一种执着的激情所支配的人表达出来,他追求自
由,无论是个人自由还是政治自由,也无论是本族的自由还是其他民族的自
由,为此,他牺牲了自己的公共生涯与个人幸福。①

    像其他任何政治哲学一样,自由主义预设了一种历史哲学。确实,不同   131
的自由主义持有略为不同的历史观。然而,在各式各样的自由主义政治理
论都表达了一些关于人类历史的共同信念或假定,它们的主张在一些关键

---

① Isaiah Berlin, *Four Essays on Liberty*, Oxford, Clarendon Press, 1969, footnote, pp. lix-lx.
(中译参阅伯林:《自由论》,胡传胜译,译林出版社 2003 年版,第 58 页。——译注)

方面依赖于这些信念或假定。密尔的自由主义依赖于一种历史哲学,这一点是毫无疑问的。在《论自由》的导论中,他声称:"我认为在所有伦理问题上最终都要诉诸功利;但是功利必须是最广义的功利,建立在作为一种不断进步的存在的人类之永恒利益的基础上。"①在这里,密尔本人承认了他的道德与政治理论依赖于一种进步观,这种依赖是密尔的自由主义与其他每一种自由主义政治哲学的共性。这是一条极为重要的真理。在过去的二十多年甚至更长的时间里,自由主义思想家中的主流派追求一种纯粹的权利哲学,在这种哲学中,一种自由主义的正义理论完全不依赖于关于人性或历史的主张。对这些思想家——罗尔斯是其中最有影响的——来说,自由主义政治道德的核心价值无须诉诸任何历史进步观就可以得到捍卫,而且确实不预设任何历史哲学。它们可以基于一种对人的理解,以及基于一种关于某些原则——即理性的人会赞成的原则——的理论。如果这样一种有关自由主义政治道德的基础主义计划可以成功地完成,那么自由主义就不需要得到任何关于历史的解释的支持。

如果密尔把自由主义理论建基于一种关于进步的主张的做法是正确的,那么建立一种纯粹的权利哲学这一康德式计划从一开始就是失败的。而且,我们可以合理地认为,当代主流的自由主义理论主张自己独立于任何一种历史哲学,其实这种独立性是不真实的。事实上,英语世界的战后自由主义理论——以美国的罗尔斯、德沃金和罗蒂的自由主义为主流,其灵感大多来自康德的观念——与密尔的自由主义截然不同,它有一个引人注目的特点,即它事实上依赖于一种特殊的历史哲学,在这种历史哲学中,文化逐渐趋同于一种普世的文明这种观念是最重要的,但是当这种依赖性没有完全被压制或否定时,它是隐而未宣的。密尔清楚地指出了他的自由主义政治理论依赖于这种进步观念,就此而言,与我们自己时代其自由主义后裔相比,密尔的特点在于具有更多的自我批判性,也更为坦率。

密尔的承认指出了所有自由主义存在的一个关键而根本的弱点,即

---

① John Stuart Mill, *On Liberty and Other Essays*, Oxford and New York, Oxford University Press, World's Classics 1991, John Gray(ed.), p.15. (中译参阅约翰·穆勒:《论自由》,第 11 页。——译注)

它们要求获得一种普世权威,这种要求建立在对历史所作的一种落后的、褊狭的欧洲中心主义解释的基础之上。密尔借助于这种对历史的解释没有什么不合理,因为几乎所有与他同时代的人——包括马克思——都坚持这种解释,根据这种解释,只要经历了长期的文化落后而接受了西方的制度与道德信念,各种非西方社会必然就会采纳科学与技术,提高读写和计算能力,推进起源于欧洲的工业化与城市生活。这种欧洲中心主义的历史哲学把欧洲霸权等同于整个人类的进步,把进步理解为普遍采纳西方的制度、信念与价值观,它是启蒙运动的一个核心要素,而密尔显然支持启蒙运动,至少在这方面,他与他的父亲——也即《英属印度史》这本具有十足欧洲中心主义味道的著作的作者——是意见一致的。这种历史哲学以一种幼稚却令人信服的方式赋予了我们时代占支配地位的美国自由主义以生气,同时也巩固了他们的一个日益反常的主张,即主张具有普世权威。无论对密尔来说——《论自由》写于 19 世纪中期——借助于这套历史解释是如何地可以理解,我们现在在这一点上遵循他显然是不合理的。

《密尔论自由:一个辩护》这本书最后一章试图将密尔的自由学说与支持着密尔作为一个整体的自由主义的进步观念相分离时,已经意识到了密尔历史哲学的局限性,实际上也意识到了它是无法辩护的。然而,他的策略——在我现在看来——使得密尔的自由学说无法辩护,且失去基础。尽管密尔的自由主义要比战后支配着政治思想的那些微不足道的、肤浅的自由主义融贯得多,可信得多,但密尔的自由主义不可避免牵涉到他的欧洲中心主义历史哲学之错误,试图将自由学说与这个更宏大的自由主义理论相分离的做法注定会失败。密尔的历史哲学是错误的,这一事实对所有形式的自由主义都造成了深远的破坏性后果,在密尔的历史哲学中,现代化与西化被合二为一,而且还有一种不可动摇的预期,即文化最终趋同于一种普遍的自由主义文明。密尔的历史哲学是错误的,这也意味着,密尔的自由主义后裔——比如罗尔斯,无论是后期罗尔斯还是早期罗尔斯——主张他们的政治哲学独立于任何历史哲学,这种独立性完全是虚假的。如果密尔的自由主义因为与之相联系的历史哲学是错误的而失败,那么所有后来的自由主义也是如此,因为后来的自由主义继续主张其价值观具有普世性。如果

133

密尔的自由主义因为依赖于一种错误的进步观念而失败了，那么自由主义事业本身就失败了。至少我会这样主张。

1. 对密尔自由主义的传统批评：一个再评价

对密尔自由主义的传统批评很少（如果有的话）针对其背后的历史观。它们批评的是密尔试图从功利主义原则推出自由主义准则的努力，或批评他的自由主义原则本身。它们集中关注一件被认为是不可能的事情，即从一种功利主义道德理论推出一种自由主义的政治道德，从功利原则推出一条自由原则。或者，它们抨击自由原则本身具有诸多不确定性，从而不能实现密尔要求于它的指导行为的作用。《密尔论自由：一个辩护》主张，密尔的功利主义是一种间接功利主义，密尔的"自由学说"是《逻辑体系》中阐发的生活艺术理论的一个运用，《论自由》的论证严重依赖于《功利主义》——该书出版于《论自由》之后，但几乎是与它同时写成的——这本书中提出的关于高级快乐和正义的论述。所有这些诠释性的主张仍然很明显是站得住脚的。现在要考虑的是密尔学说的可行性（viability），而非它作为一套系统的道德与政治理论——这套理论被密尔运用于其主要著作当中——所具有的特点。对密尔的道德与政治哲学的"修正"解释最主要的方面已经被大多数学者承认是有效的。我这里所关心的是密尔论证的实质及其对自由主义政治哲学来说意味着什么，而不是其论证之解释的细枝末节问题。这反映了我的一个信念，即密尔《论自由》中的论证设定了严谨、足智多谋和想象力的标杆，密尔的自由主义后裔还无法企及。或许伯林和拉兹的著作是例外，在他们的著作中，自由主义政治道德植根于一种价值多元论的伦理理论当中，而非植根于某种功利主义当中，不过在他们那里，仍然可以看出，某种与密尔式自由主义相似的东西仍然以不同的方式得到了恢复。我在这里关心的是如何评价可以在密尔及以后的思想家那里发现的密尔式自由主义，也关心自由主义事业本身的可行性。有一点很重要：我们要弄清楚为什么密尔的事业失败了，而且，如果它确实失败了，它的失败对其他版本的自由主义事业来说意味着什么。对于这些问题，本书第一版的大多数批评者

134

没有处理。①

与大多数传统的密尔批评以及当代自由主义相反,密尔最根本的失败不是源于他一个误入歧途的努力,即试图在功利主义道德理论中找到自由主义政治道德的基础,而是源于他的自由学说对一种历史哲学的依赖,那种历史哲学是他与所有或几乎所有其他自由主义思想家都共同持有的。这并不是说,《论自由》主要的传统批评——即它尝试从功利的要求推出自由之优先性的努力失败了——没有说服力。相反,在随后的一系列著作中,②我已经承认,尽管把密尔解释为一个不成体系的、头脑糊涂的思想家这种传统

---

① 评论过《密尔论自由:一个辩护》第一版的密尔研究者与道德哲学家、政治哲学家当中,最值得一提的有 Fred Berger, *Happiness, Justice and Freedom: the Moral and Political Philosophy of John Stuart Mill*, Berkeley, the University of California Press, 1984; Larry Alexander, "Pursuing the Good—Indirectly", *Ethics* 95(January 1985); Robert W.Hoag, "Happiness and Freedom: Recent Work on John Stuart Mill", *Philosophy and Public Affairs*, 1986, vol.xv; John Skorupski, *John Stuart Mill*, London and New York, Routledge, 1989; Maurice Cowling, "Preface to the Second Edition", *Mill and Liberalism*, Second Edition, Cambridge, Cambridge University Press, 1990; Jonathan Riley, "One Very Simple Principle", *Utilitas*, May 1991, vol.3, no.1 and "Individuality, Custom and Progress", *Utilitas*, November 1991, vol.3, no.2; C.L.Ten, "Mill's Defence of Liberty", in *J.S.Mill On Liberty in Focus*, John Gray and G.W.Smith(eds), London and New York, Routledge, 1991; Wendy Donner, *The Liberal Self: John Stuart Mill's Moral and Political Philosophy*, Ithaca and London, Cornell University Press, 1991; David Lyons, *Rights, Welfare, and Mill's Moral Theory*, Oxford and New York, Oxford University Press, 1994。

② "John Stuart Mill: the Crisis of Liberalism", in *Plato to Nato: Studies in Political Thought*, introduced by Brian Redhead, London, Penguin Books/BBC Books, 1984 and 1995; "Indirect Utility and Fundamental Rights" and "Mill's and Other Liberalisms", in John Gray, *Liberalisms: Essays in Political Philosophy*, London and New York, Routledge, 1989, Chapters 8 and 12; "Introduction", in John Stuart Mill, *On Liberty and Other Essays*; "Introduction" by John Gray and G.W.Smith, in John Gray and G.W.Smith(eds), *J.S.Mill On Liberty in Focus*.关注密尔式自由主义或与之密切相关的著作还有 "An Epitaph for Liberalism", in John Gray, *Postliberalism: Studies in Political Thought*, London and New York, Routledge, 1993, Chapter 16; "A Conservative Disposition: Individualism, the Free Market and the Common Life", in John Gray, *Beyond the New Right: Markets, Government and the Common Environment*, London and New York, Routledge, 1993, Chapter 2, especially pp.51–55; John Gray, *Berlin*, London, HarperCollins(Fontana Modern Master), 1995(中译参阅格雷:《伯林》,马俊峰等译,昆仑出版社 1999 年版。——译注); John Gray, *Liberalism*, Second Edition, Milton Keynes, Open University Press, 1995, Chapter 6 and Postscript(中译参阅格雷:《自由主义》,曹海军、刘训练译,吉林人民出版社 2005 年版。——译注); and "After the New Liberalism" and "From Postliberalism to Pluralism", in John Gray, *Enlightenment's Wake: Politics and Culture at the Close of the Modern Age*, London and New York, Routledge, 1995, Chapters 8 and 9。

解释很离谱,但对密尔在《论自由》中的事业的传统批评还是很有力的,《密尔论自由:一个辩护》所提出对密尔事业的修正解释并没能应对它们。然而,对密尔自由主义所发起的最具决定性的挑战并不是这些传统批评,而是它——和其他每一种自由主义一道——所依赖的那种进步观。

对密尔在《论自由》中的事业的传统批评的核心要旨——詹姆斯·斯蒂芬在《自由、平等、博爱》一书中对此作了经典陈述,①约翰·普拉门纳茨做了响应②——认为,它是一种化圆为方的练习,试图将一条与保护个人自由有关的强原则建基于对集体幸福的功利主义关怀之上。因此这注定要失败。针对这种传统观点,《密尔论自由:一个辩护》主张,只要接受了他那种间接功利主义,并认为他关于人类幸福之内容和特征的详细看法,尤其是他对个性及其必要条件自主性在人类幸福中的地位的论述,是合理的,那么密尔的自由主义功利主义计划中没有任何不融贯或错误之处。我们不能把密尔的事业简单地看作他的一个错误或疏忽大意而把它打发掉;我们必须思考他的论据,去表明那些论据有缺陷。他试图以功利主义来系统地重建一种与他对自由之重要性的判断相一致的道德与政治理论,基本他的这种努力最终被证明确实失败了,我们也不能不加思考就接受一种对密尔的看法,即把他看作一个混乱的折中思想家。这种看法在大多数早期的讨论密尔的二手文献中非常突出。与《密尔论自由:一个辩护》的论点相反,密尔的事业确实因为其传统批评者中那些最聪慧者所指出的问题而失败了,但是其失败的深层次原因不仅摧毁了密尔的自由主义,同时也摧毁了其他所有的自由主义。

密尔自由主义的这些缺陷不是它所特有,它们也破坏了所有后来的自由主义。在继续思考这些缺陷之前,或许有必要阐明对密尔《论自由》中的事业最重要的传统批评是什么。密尔《论自由》中的论据有六个缺陷被其

---

① James Fitzjames Stephen, *Liberty*, *Equality*, *Fraternity*, Stuart Warner (ed.), Indianapolis, Liberty Fund, Liberty Classics, 1993.有一本很有利的密尔同代人批评《论自由》的文集,见 *Liberty:Contemporary Responses to John Stuart Mill*, Andrew Pyle (ed.), Bristol, Thoemmes Press, 1994。

② John Plamenatz, *The English Utilitarians*, Oxford, Oxford University Press, 1949, "Introduction".

传统批评者中最敏锐者指出,这些指责仍然是有效的,而且对密尔的计划有摧毁性。这些缺陷分别是:第一,密尔所捍卫的那条自由原则不能给予自由主义道德所要求的个人自由的优先性与平等分配,而这些显然都是密尔本人很想要的;第二,自由原则意味着禁止对自由进行父爱主义式的限制,但密尔无法为这种禁止给出一种有说服力的功利主义证成;第三,无法清楚地表述自由原则所需要的那种评价上无争议、道德上中立的伤害概念;第四,对伤害的看法需要对人类幸福加以解释,而自由原则中所给出的那种解释并不是任何功利主义理论的运用,而是在表达一种美好生活理想,这种理想背后的伦理理论是一种完善论;第五,这种完善论所包含的对人类繁盛的解释是不合实际也不合理的,因为它赋予了人们存在于自主性当中的利益以特殊地位;第六,密尔不能为解决重要的人类利益之间——比如自主与安全之间——的冲突提供任何决策程序,这使得他的理论在实践中无法与我们后来在伯林和拉兹那里发现那种价值多元论相区分。对密尔的事业的这些传统批评击中了要害;但是它们还暗示出其他一些批评,那些批评导致了自由主义事业本身的毁灭。我们先来考查这些批评,然后再继续审视密尔的自由主义与其自由主义后裔共同存在的缺陷。

对密尔的第一条传统批评认为,即便可以为自由原则提供一种功利主义证成,该原则仍然不能给予个人自由以自由主义道德所要求的那种保护。在密尔所归属的自由主义思想最重要的传统中,自由应该被赋予相对于其他益品的优先性以及应该平等分配,这在自由主义政治道德看来是基本的。密尔在《论自由》中的事业是将这条自由主义道德建立在功利的基础之上。如果他的间接功利主义的形式主张是下述吊诡式的主张:功利要想成功地最大化,就必须采纳一些通过对功利最大化施加约束来禁止直接追求功利的准则;那么密尔的实质性主张就是,能够最好地服务于这种间接功利主义策略的正是一条保护自由的准则,即自由原则。这里所引起的问题是,是否可以从这些角度来证成采纳密尔的自由原则? 而且,即便可以,那条原则又是否能够成功地保护自由的优先性与平等分配(这在密尔——以及他同时代的大多数其他自由主义思想家——看来在任何文明社会中都是必要的)呢?

密尔的困难在于,尽管试图从功利原则推出一条自由主义戒条——这

136

条戒条调节着法律和舆论对个人自由的限制——的做法远非显然是荒谬的,但是有一条真理,这是密尔自由学说中的一条逻辑真理,即这样一条原则只能为正当限制自由提供一个必要条件,而非充分条件。限制自由的充分条件是,对自由的限制应该得到功利原则的支持,或者更准确地说,对自由的限制从功利主义角度来看应该是最为有利的(maximally expedient)。自由原则告诉我们的是什么时候对自由的限制可能会(may)得到证成,而不是什么时候对自由的限制是正义的。这条真理有一个后果,即自由原则(它是密尔必须要运用的)与自由主义政治道德的标准内容之间的一致性必定在一定程度上是偶然的。固然,通过禁止限制自由(除非即将对他人造成伤害),密尔的自由原则排除了大量对自由的非自由主义式限制,比如父爱主义和道德主义考虑所要求的那些限制。它之所以排除了这些限制,是因为没有其他任何考虑——尤其是没有任何功利主义的考虑——竟然可以看作支持限制自由的好理由,除非对他人造成了伤害。问题是,一旦越过了自由原则所设定的警戒线,甚至对他人的微不足道的伤害也可以支持对自由进行实质性的限制。密尔的原则给予自由之优先性的保护尽管看上去很严格,但由于这种原因实际上是很弱的。

与此同时,由于密尔的自由学说要求对自由的限制从功利主义角度来
137　看应该是最为有利的,密尔的自由学说允许——实际上有时候还需要——一些行动计划,那些行动计划会导致自由的分配在自由主义道德的公认标准看来极其不公。尤其是,密尔的学说中没有任何要素要求自由以及对自由的限制应该根据平等原则来分配。对自由的限制可以阻止伤害或有害的行为,这是自由原则所要求的,同时也可以导致对自由进行一种极其不平等的社会分配。如果功利主义的计算要求对自由进行某种限制以便阻止伤害,但又指示我们接受对他人的某些伤害(这是很有可能的),它就可能导致对自由的不平等分配。(如果在某些社会,某些群体中的人实施有害犯罪行为的倾向要远远高于其他群体,有利性难道不会指示我们在运用自由原则时以不公平的方式歧视这些群体的个体成员?)这意味着,无论密尔的自由原则可能是其他什么样子,在内容上以及在它对行动计划的蕴涵意义上,它都完全不同于起源于康德主义伦理学而非功利主义道德的自由主义原则,比如罗尔斯的最大平等自由原则。究其自身而言,这或许不是什么坏

事。然而,由于留下了这样一种可能性,即有用性可能会指示我们以一种极其不平等的方式分配对自由的限制,密尔的学说确实不符合那些普遍认为很有说服力的自由主义直觉,而密尔本人无疑也信奉那些直觉。确实,密尔的自由学说可能包含了一条没有言明的公道原则,正如《密尔论自由:一个辩护》所主张的那样;①但是,如果它真的包含一条公道原则的话,也不能从功利主义的角度为这条原则提供有说服力的证成。不幸的是,我们不难想象一种环境,在那种环境下,对一个少数派社会群体的个体成员的不公平歧视与可接受的社会合作条件以及整个社会的稳定性是相容的;在那些环境下,有利性很可能要求不公平。这是一条针对所有形式功利主义的反驳,密尔的间接理论与其他任何功利主义理论一样不能成功地加以回应。

第二,任何一种功利主义推理似乎都不可能证成禁止对自由进行父爱主义式的限制,密尔强调,这种禁止是他的自由原则的蕴涵意义之一。密尔对父爱主义的反驳是他那种包含两个层次的间接功利主义的一个运用,那种功利主义承认,为了实现功利最大化,采纳阻碍功利的次要准则或许是可以辩护的,甚至可能是必要的。间接功利主义理论有很多问题,其中大多数问题都与一个困难有关,即如何将实践层面的道德慎思与批判层面的功利主义评价相分离。(所有形式的间接后果论都面临这些困难,而不仅仅是那些与一种福利主义价值理论相结合的间接后果论。②)《逻辑体系》中提出的生活艺术理论具有复杂的结构,而且密尔根据可强制实施的义务与功利对道德做了修正理解,将它理解为那种生活艺术理论所包含的一种价值论原则。尽管如此,当面临下述事实时密尔的间接功利主义往往会崩溃:如果生活艺术不同分支的准则彼此发生冲突,那就不可避免要诉诸功利原则。到那时,功利原则纯粹的价值论特征就不可能得到保持,密尔的正确行为理论由于它所面临的所有那些众所周知的困难,将变成那种更为人熟知的老练的行为功利主义。

不过,在我的论证的这个阶段,我并不想质疑间接功利主义理论的说服力。我无须这样做,因为即便间接功利主义是正确的,禁止对自由进行父爱

138

① J.Gray, *Mill on Liberty : A Defence*, p.67.

② 对间接后果论某些困难的清楚讨论,见 Larry Alexander,"Pursuing the Good——Indirectly", *Ethics* 95(January 1985)。

主义式的限制也是无法加以辩护的。即便我们将自己对间接功利主义的怀疑悬隔起来，并承认采取阻止功利最大化行为的准则根据间接功利主义是合理的，我们也不知道我们要采取哪些准则；密尔提出过一些论据来支持把自由原则作为这样一条阻止功利的准则加以采纳，不过那些论据根本没有说服力。他用来支持禁止在自我伤害的行为方面限制自由的论证诉诸的是人类的可错性，也诉诸我们在确定什么样的环境下父爱主义干预可以取得成功时所面临的认知困难。这个困难源于我们不完美的知识，由于这种不完美的知识，我们不能确信一种父爱主义干预在一个特殊情况下一定是正当的，即便我们知道或有充分理由相信在某一类情况下它是正当的。密尔还诉诸社会在获取并有利地运用可用知识时所遇到的实际困难（无论是体现在立法机关中还是体现在公共舆论中）。即便承认这些论证有一定的说服力，它们也并没有表明，从间接功利主义的角度来看，禁止所有对自由的父爱主义限制都是可以证成的。因为比较清楚的是，我们知道，某些行为几乎总是会带来严重的自我伤害，而且如果强行禁止它们是可行的且代价不至于太大，功利主义道德就要去禁止它们。（在某些国家，禁用可卡因很可能就是这样。）我们在获得做此判断所需要的知识时似乎没有不可克服的困难，社会（法律与公共舆论）在贯彻它们时也没有不可克服的困难。无疑，我们需要意识到任何父爱主义行动计划所引起的风险与代价；但是这些风险与代价并非在每一种情况下都是如此之大，以至于足以证明全面禁止父爱主义的做法是正当的。注意，即便与斯蒂芬以及斯蒂芬以来密尔的各种传统批评者所认为的相反，可以在涉己行为与涉他行为之间做出一种清楚、可行且道德上重要的区分，禁止以父爱主义的方式限制自由——这是密尔自由学说的核心要素——从间接功利主义角度来看也是不合理的。即便自我伤害的行为只损害了行为者自己的利益而没有损害其他任何人的利益，不限制从事这种行为的自由从功利主义来看也是不合理的。或者换句话说，即便禁止所有限制自由的父爱主义确实是任何自由主义政治道德的一个必要组成部分，也不可能为这种禁止提供一种功利主义的证成。

这第二条对密尔《论自由》中的事业的批评有一个蕴涵意义，即对自由原则的主要质疑不是针对涉己领域——即这样一种行为领域，在其中，一个行动者的行为只影响他或她自己的利益，而不影响其他任何人的利益——

的不确定性,因为密尔试图把他的自由原则置于他更宏大的自由理论当中。主要的质疑是,坚持自由原则从功利主义角度来说是不合理的,即便可以为涉己领域划定确定的界线。然而,自由原则中确实有一些造成严重破坏的不确定性,这些不确定性源于自由原则所包含的伤害观,这是对《论自由》所从事的自由主义事业的第三条重要的传统批评。关键的困难在于,不存在一种在不同道德观点之间保持中立的伤害观。密尔《论自由》中的论证预设了一个前提,即可以提出这样一种伤害观,它使得对伤害进行的功利计算可以完全不依赖于任何有争议的幸福观。密尔所需要的伤害观可以说必定是经验主义的。密尔的困难在于,根本无法提出这样一种伤害观。范伯格的建议——即可以把伤害理解为使利益受挫,他是在对一种密尔式法理学进行富有才华的当代重申时提出这一建议的①——并没有解决这个难题。即便视伤害为使利益受挫这种伤害观可以用恰当的方式表述出来,对不同伤害的相对重要性所作的判断也会因道德观以及与道德观相联系的生活理想之不同而不同。因为对于各种不同的伤害赋予不同的重要性的做法将反映对各种人类利益在人类幸福中的重要性的不同判断,而对特定利益对人类幸福或繁盛之贡献的不同判断又将体现不同的善观念。如果这种说法是正确的,那就对自由原则构成了一个摧毁性的打击,因为它使得自由原则丧失了密尔期望于它的那种主要用途,即解决具有不同道德观点的人之间围绕自由之限制而产生的争议。因此,在应该如何限制自由的问题上的推理不可能在不同善观念之间保持中立;它难免要提出一些关于人类幸福之内容的实质性道德主张。这不仅对密尔在《论自由》中所从事的事业是一个打击,而且对任何声称其原则在不同的人类生活理想之间保持中立的自由主义来说都是一个打击。

140

这第三条批评意味着,密尔希望在《论自由》中提出的那条用来调节社会对个人自由之控制的"非常简单的原则"②事实上不可能被确切地表述出来。自由原则规定,除非涉及对他人的伤害,否则不能限制自由。从这一点

① Joel Feinberg, *The Moral Limits of the Criminal Law* (four volumes), vol. 1, *Harm to Others*, Oxford, Oxford University Press, 1984.

② J.S.Mill, *On Liberty and Other Essays*, op.cit., p.13.(中译参阅约翰·穆勒:《论自由》,第10页。——译注)

来看,自由原则非常明确的;但是如何确定什么时候对自由的限制是正当的,这是一件非常棘手的事情,因为这依赖于对伤害之相对严重性的评价,而这些评价又由于依赖于有争议的好生活观念,从而本质上是有争议的。密尔原则的这一缺陷意味着,它在其运用方面所拥有的任何程度上的确定性都来自于一种特殊的人类幸福观。这确实是事实,而且这种幸福观甚至不能从密尔用来支持它的那种修正版功利主义的角度来捍卫,这些便构成了传统批评者对密尔自由主义所提出的第四种批评之依据,这种批评说,密尔的自由主义并不是源自任何一种功利主义道德,而是源自一种独立的生活理想。换句话说,密尔的自由主义是一种政治观念,其支撑性的道德理论——如果它真的有一种支撑性的道德理论的话——是完善论的而非功利主义的道德理论。① 《密尔论自由：一个辩护》主张,密尔的道德理论始终是关注欲求的:"密尔坚信一点,尝到过自由带来的快乐和好处的人不会牺牲自由来换取其他利益。……只要密尔的预言在一般情况下能站得住脚,他的幸福观中就没有任何关注理想的要素。"② 困难在于,我们没有可以支持

141 这一强主张的证据,在我看来,这一困难是密尔无法克服的。确实,《密尔论自由：一个辩护》的作者认识到,缺乏可以支持密尔的主张的证据:他指出,密尔的学说"只能声称自己代表的是一种并非不合理的打赌"。③ 相比之下,现在令我吃惊的是,密尔那里缺乏任何一种支持这一大胆主张的证据。只有承认了密尔确实坚持"一种人格理想,而无论这种人格理想是否能够促进总体上的欲求满足",④ 我们才能理解这一不同寻常的疏忽。

如果我们注意到,面临批判的压力,密尔的价值理论,从而他的自由主义,最终违背了密尔对它的所有期望,蜕变为一种完善论的伦理学,那么这一结论就可以得到证实。因为密尔"区分了快乐之性质的快乐主义"——在《功利主义》中,这种快乐主义已经预示在高级快乐学说当中——最终不

---

① 这里,我在"完善论"一词在最近的哲学中所获得的意义上使用这个术语,在这种意义上,它指的是一种以人类繁盛观念为核心的道德理论。对这种道德理论最好的现有研究要数 Thomas Hurka 的 *Perfectionism*, Oxford and New York, Oxford University Press, 1993, 其主题大体上就是这个观念,根据这个观念,对人类而言的善是由其本性(或诸本性)的要求所给予的。

② J.Gray, *Mill on Liberty: A Defence*, p.89.

③ Ibid.

④ Ibid.

可能得到支持。这一结论与密尔的自由主义政治哲学具有最为密切的关系。高级快乐学说面临很多困难,其中某些困难对它具有致命性。这种理论意味着,任何数量的高级快乐(无论其数量是如何之少)都比任何数量的低级快乐(无论其数量是如何之多)更有价值,这一点是无法与功利主义的计算相一致的。它赋予高级快乐相对于低级快乐无限的重要性或词典式的优先性,这就使得除了在一些极端的、边缘的情况下以外,要想在不同的高级快乐集和低级快乐集之间做出比较性的判断是不可能的。① 而且,我们并不清楚,一个有经验的判断者所选择的东西是否可以作为依据来表明什么是高级快乐,或者是否可以作为高级快乐的标准。无论在哪一种情况下,密尔的明显假定——即有经验的判断者最终都会选择同样类型的快乐,即知识方面的快乐、运用想象力的快乐以及道德快乐,而非身体快乐——并没有日常经验基础,无论是他自己的经验还是我们的经验,而且它似乎也与他在《论自由》及其他著作中对个人本性与需要之多样性的不断声明相矛盾。

密尔的价值理论最关键的困难在于,通过选择发展他们作为个人而拥有的最独特的能力,人们总体上很可能会失去个人幸福。之所以说这是最关键的困难,是因为它最好地揭示了密尔的价值理论与任何一种功利主义之间的距离。(有可能我作为一名小说家的能力可以最好地把我与其他人区分开;但是由于环境的原因或由于我写小说的资质平平,发展我其他某些不那么独特的能力才最有利于我的幸福。)密尔忽视了这种可能或现实,他或许是在表达一种对价值和谐的信念,而这个信念与他对多样性之重要性的关注不相符。要么,就像伯林带着相当的同情和深刻性陈述对密尔的传统批评时所主张的那样,②他可能是在表明,他重视自我发展与个性,无论它们是否有助于个人的幸福,而且哪怕它们与个人的幸福相冲突,他也重视它们。正是最后这一点包含了对密尔自由主义最根本的批评,即它并不是产生于任何功利主义道德,甚至也不是产生于密尔发展出来的那种修正版功利主义道德,相反,它产生于对一种特殊的生活方式或生活理想的辩护,

142

---

① 一种精妙但缺乏说服力的反驳,见 Roderick T.Long,"Mill's Higher Pleasures and the Choice of Character", *Utilitas*, November 1992, vol.3, no.2,尤其是 pp.284-287。

② I.Berlin,"John Stuart Mill and the Ends of Life", in *Four Essays on Liberty*. (中译参阅伯林:《自由论》,胡传胜译,译林出版社 2003 年版。——译注)

即自由主义文化下的生活方式,在那种文化中,自主性、个性、自己做选择以及尝试"生活试验"被作为本身就很重要的益品而得到重视。如果说在密尔那里这种理想有某种确定的道德理论做基础的话,那种道德理论就是完善论或幸福论的(eudaemonist)道德理论,即一种人类繁盛理论,这种理论认为,在一个个性与自主的自由得到尊重与珍视的社会,人性得到了最彻底的体现。但是这种理想对我们有些什么要求呢? 它是否与我们所知道的人类幸福的条件相一致呢?

对密尔自由主义的第五条批评指出,它背后的完善论理论所包含的那种幸福观或繁盛观由于赋予自主性以特殊地位,把自主性作为人类幸福的一个必要构成要素,因而是不合理也不切合实际的。《密尔论自由:一个辩护》区分了密尔的幸福观与边沁主义的或古典的功利主义幸福观,认为二者的区分在于,根据密尔的幸福观,人类的幸福在于成功地追求自己选择的计划或行为,它们作为目的本身而非作为实现快乐的感觉之手段而被重视。密尔的幸福观与亚里士多德有很多共同之处。就像亚里士多德的幸福观一样,密尔的幸福观把积极的自我发展而非消极的享受或满足看作幸福。[1]而且,根据密尔对幸福的解释,所追求的活动与计划必须是一般性的人类能力能够从中得到发展和运用的活动与计划,同时,这些追求应该体现每一个人独特的、特有的能力与需要。最后,作为前两个规定的一个结果,密尔的幸福观意味着,体验过与自主和个性之发展相伴随的高级快乐的个人不会在这些快乐与任何低级快乐之间进行权衡取舍:他们总是更喜欢自己的自主性这种一般的也是个别的(generic and individual)人类能力以及自己的个性得到施展的活动,而不是他们的自主性与个性得不到施展的活动。这种幸福观有很多问题,其中某些问题源于之前讨论过的密尔区分了快乐之性质的快乐主义所存在的问题,不过我将集中关注那些与他对自由主义的辩护最为相关的问题。

下述说法远非显而易见的:任何一种对人类幸福的合理说明都应该像密尔的说明那样,通过规定高级快乐必须是人们自主选择的,从而赋予做选

---

① 对人类幸福的这一方面的有益讨论,见 James Griffin, *Well-being: its Meaning, Measurement and Moral Importance*, Oxford, Clarendon Press, 1986,第 2 章。

择相对于所选择的东西以特殊地位。比如,考虑一下包办婚姻与选择婚姻的例子。密尔的幸福观似乎意味着,包办婚姻不可能像选择婚姻一样幸福。因为包办婚姻并不是产生于配偶之间的自主选择,就算包办婚姻满足了配偶双方作为个人最为独特的那些需要,这也是出于偶然,而不是因为婚姻的条件反映了配偶的自主选择。然而,从既包含了包办婚姻又包含了选择婚姻的文化的经验来看,就这两种婚姻对配偶幸福的影响而言,二者并没有明显的差异,至少从通常的想象和评价来看是这样。当然,包办婚姻也有不同的包办程度,甚至也有不同的种类,这些也将在不同程度上影响到配偶的自主性;但是这对我们讨论的问题并没有影响,就是说,在很多文化中,婚姻幸福在包办婚姻和选择婚姻中似乎一样常见,而且在很大程度上都是出于机缘。我们再来考虑个人存在于安全当中的利益与存在于自主当中的利益发生冲突的那些情形。比如,有时候,工作稳定的代价就是未来的选择受到永久的或长期的限制。下述想法是不合理的:这些冲突不会发生,或者,当发生这样的冲突时,合情理的人总是会认为存在于自主当中的利益高于其他利益,比如存在于安全当中的利益。

一个不争的事实是,通常的经验并不支持密尔的下述信念:人们不会为了他们的其他利益而舍弃他们的自主性。经验也并不表明,这样做的人是不合情理的。非常明显,人类的行为并没有表现出一贯甚至明显地偏好"高级"快乐——即需要通过做出自主选择来运用一个人一般的也是个别的能力的那些活动——胜于低级快乐,即便行为者对两种快乐都体验过。密尔的"生活试验"概念——它在《论自由》中的功能类似于"高级快乐"在《功利主义》中的功能,即赋予了自主选择活动及其后果相对于幸福的其他构成要素的特殊地位——也并不能支持自主的行动者往往会用行动来保护他们的自主性这一主张,也不能支持自主的人比不自主的人过得更好(这是就幸福而言的,如果可以根据合理的经验来对幸福进行评价的话)这一主张。事实上,是否可以赋予密尔的"生活试验"概念更为明确的意义,这一点是值得怀疑的,因为如果我们决定改变生活方式,那么很多时候这些决定也同样改变,而且是不可逆转地改变了做选择的我们自己,从而使得不可能对"试验"的成功与否做出判断(比如,根据行为者的幸福状态来判断):要加以评价的各种生活方式很可能是不可通约的。然而,在可以做出比较

144

性判断的情况下,这种判断也不可能一律赞成已经选择的生活方式。根据任何经验主义的评价,一个人的自主选择与那个人的幸福之间的联系都是偶然的、包含例外的,而且,这种联系当然也不能证明赋予自主性在人类幸福中以特殊地位的做法——密尔区分了快乐之性质的快乐主义就要求这样做——是正当的。

在《密尔论自由:一个辩护》中,我主张要有很好的基于间接功利主义的理由提高存在于安全和自主当中的"至关重要利益",使它们高于其他不那么"永恒"的人类利益。与此同时,我这里也承认,下述信念——即当存在于自主性当中的利益与他们的其他利益发生冲突时,自主的行动者会选择首先保护前者而非后者——对密尔来说(或者就此而言,对我们来说)是一条可以得到辩护的假定:"习惯于做出自己的选择的人们会更喜欢继续自己做选择,这一说法对密尔来说只能是一次基于归纳法的打赌,它植根于社会心理学上的猜测。"①因此,我在那里建议,应该将密尔的自由学说与他的自由主义相分离,以便它不再支持密尔"关于人类历史内在进步性的信念以及自由状态不可逆的信念"。② 一旦以这种方式把他的自由学说与他更为宏大的关于人性与进步的信念相分离,他对自由的承诺"将依赖于某些社会与心理条件,而且仅仅在这些条件得到了满足的文化环境中才有效"。③

然而,这就是要承认,支持着密尔自由主义的那种完善论伦理理论并不是任何一种功利主义,它不可能以任何一般的(general)方式——更不用说普遍的(universal)的方式了——得到维系。它对人类幸福之内容的解释如果真的有效的话,也只是在某些特殊的文化环境下才有效。根据这个理论,人们唯有在自主的时候以及发展了其个性的时候才会繁盛,而且这一点被看作一条普遍真理。然而,如果这个理论缺乏密尔本人要求于它的那种心理基础,那么他的完善论所规定的那种理想就不会具有普遍的、跨文化的权威。换句话说,与《密尔论自由:一个辩护》的作者所认为的相反,密尔的自由学说不能与他的自由主义的更广泛的承诺相分离,否则就会使它完全丧

145

---

① J.Gray,*Mill on Liberty:A Defence*,p.120.

② Ibid.

③ Ibid.

失普遍权威,并显示出它受文化所限的(culture-bound)特殊性。要想不仅仅体现一种特殊的文化理想,密尔的自由主义就需要得到一种人性论的支持。否则,他的幸福观将无法根据对人类繁盛的一般性说明来辩护。它将成为一种适合于且事实上也来源于一种特殊文化传统——即欧洲个人主义社会的文化传统——的理想。

对密尔自由主义的第六条批评集中于密尔的一个做法,即他放弃了他对幸福的说明所暗含的那种价值多元论的全部力量。我在《密尔论自由:一个辩护》中承认,密尔的功利主义否认人类幸福不同构成要素之间的不可通约性:"不可否认的是,密尔的学说并没有处理价值之间……最终的冲突,或者说没有处理这些冲突所引起的实践困境。……功利原则要求些什么仍然不清楚,因为我们还不清楚应该如何权衡其相互冲突的要素。"①在一个人的生活中,真正的益品经常相互冲突:密尔区分了快乐之性质的快乐主义如何帮助我们在它们当中做出选择呢? 当一个社会或文化中真正的益品不可能相互结合或全部实现时,密尔伦理学所面对的困境还会以更为严峻的形式出现。自由与限制所构成的不同混合体——也就是不同的自由——赋予个人的选择是不同的,所禁止的选择也是不同的。毫无疑问,密尔想要(且需要)一种理性的决策程序来解决这样的困境:事实上,《论自由》的整个计划就是要提供一条原则,借此原则,自由之间的冲突可以得到理性的裁断。在《密尔论自由:一个辩护》中,我承认了密尔的功利主义与价值多元论之间是不同的,不过我把优势留给了密尔的自由学说。"仅仅由于密尔从功利主义角度捍卫的一个关键主张,即在他所关注的那些情况下,总是应该把至关重要的利益置于人们的其他利益之上,密尔的理论仍然是一种功利主义理论,可以与价值多元论相区分。"②

然而,如果密尔的伦理理论并没有包含任何可以指导我们在幸福的相互冲突的构成要素之间做出选择的因素,如果它在至关重要利益中赋予自主性的那种相对于安全的总体优先性不能得到理性的证成,如果密尔的学说不能重视不同的伤害和不同的自由,那么他修正后的功利主义最终确实

146

---

① J.Gray,*Mill on Liberty:A Defence*,pp.126-127.
② Ibid.,p.127.

会在不经意间蜕变为一种不彻底的价值多元论。对于如何解决人类幸福中那些不可相互结合的构成要素之间的冲突（无论是在一个人的生活中还是在某个社会中），密尔的著作没有给出任何有说服力的说明。这种缺乏撕裂了他的伦理理论，破坏了他对功利主义的修正，而且相当于默认了人类幸福的构成要素之间确实具有不可通约性。这种默认不仅摧毁了密尔《论自由》中的计划，也摧毁了他用修正后的功利主义术语来从事的一项最重要的计划，即对道德与政治生活进行理性的重建。

　　这便是伯林权威性地重申对密尔自由主义的传统批评后得出的结论。无论我在《密尔论自由：一个辩护》中主张过什么，伯林的结论在我现在看来是无懈可击的，它对密尔自由主义的最终瓦解所造成的影响是不可避免的。[1] 在这本书第一版中，我强调，将密尔的自由学说与他的自由主义相分离势必会导致一个结果，即"他的理论……所体现的对自由的承诺总体而言只能具有打赌的性质。"[2]然而，密尔学说所包含的对自由的承诺根本没有代表本书第一版的作者所谓的"一种并非不合理的打赌"，[3]我现在认为，密尔的打赌更接近于帕斯卡尔那个臭名昭著的打赌，而不是接近于关于人类之未来的某种经验主义假定。毋宁说，它是一种信仰行为，表达了密尔与法国实证主义者共同信奉的那种人道教（Religion of Humanity），这种宗教继续得到那些主张自由主义文化的价值观具有普遍权威的密尔后裔当中许多自由主义倾向更弱的思想家信奉，不过，我们要是也信奉这种宗教的话太不明智了。如果密尔的自由学说失败了，那么这不仅是因为对其论证的许多传统批评仍然具有相当的说服力，尽管在这本书中我对他的思想做了修正性的解释；更重要的原因在于，支撑密尔自由学说的那种自由主义及其所包含的关于人类历史的欧洲中心主义观点不再是一种可以得到合理支持的立场。我们可以通过考查后来那些自由主义来证明这一点。那些自由主义与密尔的自由主义之间的相似性是毋庸置疑的，它们并不试图把一种自由主义文化的价值观建基于功利的要求之上，但是它们都遵循密尔，把自主性与个性提高到人类繁盛的重要且不可或缺的条件的地位。

---

① 对伯林论证更详细且系统的思考，见我的 *Berlin*，前引。

② J.Gray, *Mill on Liberty：A Defence*, p.122.

③ Ibid., p.89.

2. 密尔的自由主义与后来的自由主义

战后自由主义政治哲学明显具有一种辩解的风格（apologetic idiom），这一点与密尔的思想截然不同。为了与他对伦理理论中的直觉主义的坚决反对保持忠实的一致，密尔从来没有在他的推理中把他那个时代或文化中的习惯性直觉作为确定的观点（fixed point）接受下来。相反，他煞费苦心地指出他的思想在哪些方面偏离了公认观点，并在《论自由》中指出他的学说在一些他那个时代被认为神圣不可侵犯的领域限制个人自由——比如与生育和教育孩子有关的自由①——即便在其他领域他的学说试图保护个人自由免受公共舆论的控制。后来的许多自由主义政治哲学，尤其是过去 20 年左右的自由主义政治哲学，不顾密尔这个榜样，把自由主义的直觉当作是道德理论与政治理论中确定的观点。事实上，自由主义政治哲学中这种直觉主义与因袭主义立场在罗尔斯具有重大影响的反思平衡和重叠共识概念中已经被提升到一种赤裸裸的方法论的地位。罗尔斯的工作通过下述两种做法已经为战后主流的自由主义哲学定下了基调：一方面，他未加批判就把自由主义文化——更具体地说，是美国学术界眼中的自由主义文化——当作理论思考中确定的观点接受下来；另一方面，他还主张，至少，他早期著作中所提出的那些自由主义原则具有普遍的权威。② 唯有在一些外在于这一主流传统的当代自由主义思想家——比如伯林与拉兹——的著作中，我们才能找到一种具有密尔思想所特有的那种批判自觉与历史自觉的对自由主义

---

① J.S.Mill, *On Liberty and Other Essays*, p.117.

② 见 John Rawls, *A Theory of Justice*, Oxford, Oxford University Press, 1972 and *Political Liberalism*, New York, Columbia University Press, 1993.最近的自由主义政治哲学中的这种辩解模式还有其他一些例子，在那些例子中，对待道德的直觉主义方法与未加批判地支持美国自由主义的价值观与规范的做法相结合。这些例子可见于 Ronald Dworkin, *Taking Rights Seriously*, London, Duckworth, 1977, *A Matter of Principle*, Oxford, Oxford University Press, 1985, *Law's Empire*, London and New York, Fontana, 1991, *Life's Empire*, London and New York, 1994; B. Ackerman, *Justice and the Liberal State*, New Haven, Yale University Press, 1980; R. Nozick, *Anarchy, State and Utopia*, Oxford, Blackwell, 1974。

政治哲学的当代重申。

148   由于我对战后这一主流的自由主义哲学的价值和持久重要性持怀疑态度，我并不打算详细讨论它。相反，我将对自己加以限定，只对它与密尔的自由主义的关系提出两条相关的评论。首先，尽管密尔的自由主义主张其核心原则具有普遍权威，但这些原则并没有指定任何一套基本权利或基本自由，然后又认为它们对所有人类社会来说都是权威性的。密尔打算把他的自由原则作为一条指导理想立法者的准则，而不是作为一种设计宪法的练习，而且从密尔所有有关政治问题的著作来看，显而易见的是，他希望他的自由原则在不同的历史与文化环境下保护不同的自由。这只是密尔自由学说的逻辑本身的一个后果，在他的自由学说中，涉己行为方面的自由受到绝对保护，但是对涉他行为方面的自由的限制完全取决于功利主义的评价，而这种评价本来就会因为环境与功利余额的变化而有不同的结果。因此，不可能在密尔的自由学说中罗列一些基本自由，比如我们在罗尔斯的著作中发现的那些基本自由。密尔自由学说运用于不同的国家会得出非常不同的结果，而且在同一个国家的不同时代也会得出非常不同的结果，而这没有什么不恰当的。密尔的自由主义所保护的自由是可以变化的，而且它没有指定一系列被认为是正义所要求的自由，并认为它们就像法律规定一样具有明确性和最终性。就此而言，密尔的自由主义相对于罗尔斯的自由主义以及最近其他所有的自由主义有一个明显的优势，这些自由主义没有明确表达出来的假定都是美国宪政主义的地方性惯例。

      第二，密尔的自由原则只有当文化与经济发展到一定水平时才能适用，密尔在指出这一点时明确地提到了他的进步概念。密尔告诉他的读者："只要人类还没有能力通过自由而平等的讨论来得以提升，自由作为一条原则就无法运用。"①在《论自由》稍后部分，密尔通过提到中国来详细论述这个观点，对于中国人，他说："他们已经变得静止不前"，"如果要让他们有进一步的改善，必须依靠外人。"②在《代议制政府》一书中，密尔又声称：

---

①   J.S.Mill, *On Liberty and Other Essays*, p.15.（中译参阅约翰·穆勒：《论自由》，第11页。——译注）

②   Ibid., p.80.（中译参阅约翰·穆勒：《论自由》，第84页。——译注）

"促进进步的因素……包括了政府的全部优点。"①与后来的自由主义相比，密尔非常明确地表明了他的思想依赖于一种进步观，根据这种进步观，进步就在于欧洲制度的普遍化。无论密尔的自由主义有什么样的缺陷（这些缺陷也是各种采纳了体现于启蒙运动当中的历史哲学的政治思想都有的，无论那种政治思想是不是自由主义），它至少有一个优点，即试图借助于一种对人类历史发展的解释来证成自己，由于那种解释得到了明确阐述，我们可以对它进行批判评价。任何一种自由主义都不能主张，这种程度上的历史自觉与自我批判的自觉可以在我们时代占主流的密尔后裔身上找到。

在伯林和拉兹的著作中，我们找到一种完全像密尔的自由主义一样富有自我批判性的对自由主义的重申，在他们那里，自由主义对一种特殊历史哲学的依赖几乎与在密尔的自由主义中是一样明显，这一点或许违背了他们的意图。无论是伯林的著作还是拉兹的著作，其核心都是一种价值多元论的伦理理论以及一种自由观（即自由是自由主义政治道德最重要的构成性价值）。这两位思想家对自由概念的理解不同：拉兹遵循密尔，并和最近很多自由主义理论家一道，把自主性看作政治道德最核心的东西；而伯林把这一位置保留给了他的消极自由概念。②拉兹将他对自主性的捍卫置于一种明显属于完善论的自由主义道德与

---

① J.S.Mill, *On Liberty and Other Essays*, p.223.

② 伯林的著作，尤其可见他的 *Four Essays on Liberty*, and *The Crooked Timber of Humanity*, London, John Murray, 1990,（中译见伯林：《扭曲的人性之材》，岳秀坤译，译林出版社 2009 年版。——译注）以及 Claude J.Galipeau 的 *Isaiah Berlin's Liberalism*, Oxford, Clarendon Press, 1994. 一种对与伯林观点密切相关的道德所作的富有启发性的讨论，见 Charles Taylor, "A Most Peculiar Institution", in J.E.J.Altham (ed.) *World, Mind, and Ethics: Essays on the Ethical Philosophy of Bernard Williams*, Cambridge, Cambridge University Press, 1995. 我在《伯林》一书中讨论过伯林与密尔的关系。关于拉兹的著作，尤其可见他的 *The Morality of Freedom*, Oxford, Clarendon Press, 1986, and *Ethics in the Public Domain*, Oxford, Clarendon Press, 1994.（中译参阅拉兹《自由的道德》，孙晓春等译，吉林人民出版社 2011 年版；拉兹：《公共领域中的伦理学》，葛四友主译，江苏人民出版社 2013 年版。——译注）S.Mulhall and A.Swift 在 *Liberals and Communitarians*（Blackwell, Oxford and Cambridge, USA, 1992）第 8 章讨论过拉兹的著作。（中译参阅缪哈尔、斯威夫特：《自由主义者与社群主义者》，孙晓春译，吉林人民出版社 2011 年版。——译注）我在 *Enlightenment's Wake* 第 6 章讨论了拉兹的著作。

政治理论中,①而在伯林那里,其背后的完善论观点不那么系统,它体现在对功利主义和权利理论的拒斥,体现在对价值多元论明确而反复的支持。②他们都承认受益于密尔式自由主义的传统,拉兹通过对密尔的自由原则进行一种极富创造性的重释来发展他的完善论自由主义,③而伯林意识到他自己的观点与他在密尔那里发现的一种密尔没有完全意识到的价值多元论之间有诸多相似之处。④

他们都面临一个困难,即如何调和他们对人类价值之不可通约性、竞争性与不可减少的多样性所作的带有强烈多元论色彩的断言与他们对自由相对于其他社会益品之优先性的断言。如果益品和美德有很多种,如果其中的某些益品和美德不可避免地、或许是必然地要排挤另外一些,而又没有一条能同时兼顾二者的原则可以用来裁决这些冲突,那么如何能证成赋予自由(无论如何理解自由)一种相对于与它竞争的其他社会益品的普遍优先性呢? 如果价值多元论是正确的,那么自由不就应该被恰当地看作许多价值中的一种,而没有任何特殊之处吗? 固然,对于那些重视作选择的生活方式来说,自由或许是本质性的、核心的构成要素,那些生活方式看重作为自己生活之设计者的个人。这样的生活方式体现了一些特殊的人类理想;但是有什么理由赋予这些理想——自主性理想和个性理想,它们几乎在同等程度上赋予密尔的、伯林的和拉兹的三种不同自由主义以生命力——以人类幸福的至关重要构成要素的地位? 在为消极自由和自主性辩护时,伯林和拉兹都认为它们表达了一种人类自我创造的理想,在这种理想状态下,人至少在一定程度上是他们生活的设计者;尤其是,在伯林那里,自由之价值

①　有人认为自主性在最近自由主义哲学中占据重要位置,在这方面,对自主性的当代研究见 L.Crocker, *Positive Freedom*, The Hague, Martinus Nijhoff, 1980; John Christman(ed.), *The Inner Citadel: Essays on Individual Autonomy*, Oxford and New York, Oxford University Press, 1989; Richard Lindley, *Autonomy*, London, Macmillan, 1986; Lawrence Haworth, *Autonomy: an Essay in Philosophical Psychology and Ethics*, New Haven, Yale University Press, 1986; S.I.Benn, *A Theory of Freedom*, Cambridge, Cambridge University Press, 1989; and David Miller(ed.), *Liberty*, Oxford, Oxford University Press, 1991.也有人认为消极自由而非自主性才是自由主义的核心价值,见 Hillel Steiner, *An Essay on Rights*, Oxford and Cambridge, USA, Blackwell,尤其是第 2、8 章。

②　I.Berlin, "The Pursuit of the Ideal", in *The Crooked Timber of Humanity*.

③　J.Raz, *The Morality of Freedom*.

④　I.Berlin, "John Stuart Mill and the Ends of Life", in *Four Essays on Liberty*.

源自一种对人的看法,即人从本质上说是一个选择者。然而,选择对于好生活的重要性以及与此相关联的视人为一种作选择的物种,这些显然都是受文化所限的观念。它们并不是《伊利亚特》或《薄伽梵歌》所体现的伦理生活的特征,在我们的时代,也不是以儒学为道德遗产的文化所体现的伦理生活的特征。鉴于其明显的文化特殊性,为什么应该偏爱这种人类生活理想而不是其他的生活理想,尤其是对于一个承认真正的人类繁盛形式多种多样的价值多元论者来说?为什么体现了这种理想的政治制度就应该被赋予一种相对于体现不同理想的其他政治制度的特权,而且对一个价值多元论者来说,那些不同的理想有时候是同样的正当?

对于密尔的著作隐含地体现出而伯林与拉兹的自由主义明确地提倡的那种完善论自由主义来说,问题就在于,如何解释它们所包含的那种生活理想和品格理想的权威性。这一理想无法从关注欲求的角度和功利主义角度获得辩护,而且完善论——作为一种伦理理论,在这种理论中,一种善观念是原生性的——的本性已经阻止了权利发挥任何基本的角色。鉴于这两位思想家高度的历史自觉,他们当中无论是谁如果要追随当代康德式自由主义这一主流传统,认为唯有自主的人才能过上一种好生活,那就是非常不合适的,事实上,他们都没有这样做。然而,如果他们没有这样做,那么,他们又如何避免罗蒂那种相对论立场呢?[1] 根据那种立场,自由主义只不过是众多生活方式中的一种,如果是一种具有独一无二的历史特权(historical priviledges)的生活方式的话(正如我们将会看到的一样)。

正是拉兹的著作试图最为系统而完备地回答这些问题。[2] 对拉兹来说,自由主义政治道德背后的伦理理论是一种完善论,因为它提出了一种特殊的人类品格理想,而且在内容上既非以权利为基础,又非关注欲求的。如他所说:[3]

---

[1] Richard Rorty, *Contingency, Irony and Solidarity*, Cambridge, Cambridge University Press, 1989.(中译参阅理查德·罗蒂:《偶然、反讽与团结》,徐文瑞译,商务印书馆2003年版。——译注)

[2] 我在《伯林》第6章已经指出,伯林必然不能从价值多元论的伦理理论推出自由主义的政治道德。

[3] J.Raz, *Ethics in the Public Domain*, p.105.(中译参阅拉兹:《公共领域中的伦理学》,第141页。——译注)

151 　　　　完善论的自由主义具有牢固的道德基础。一方面，根据这种观念，政府的作用是在其能力范围内保护和提升人们的幸福。另一方面，人们通过一种自我界定的生活（a life of self-definition）而兴旺发达，这种生活就在于在多种多样不相容但都有价值的活动、志趣与关系当中进行自由选择，也就是在多种多样都有价值却不相容的生活方式之间进行自由选择。

　　在这种对伦理理论所作的大体上属于亚里士多德主义的论述框架中，人类繁盛的想法是基本的，康德伦理学所主张的正当相对于善的优先性遭到了拒斥。在这个框架中，拉兹提出了一种完善论的自由主义，在这种自由主义中，自由主义文化的区别性特征就在于它促进了自主性。可是，在拉兹的亚里士多德式论述中，是什么东西证成了把自主性这种益品提升到政治道德的中心地位呢？拉兹如何捍卫这个特殊的完善论概念？在拉兹的著作中，对于自主性在政治道德中的中心地位，我们找到的不是一种而是两种不同的论证。第一种是功能论证（functional argument）：在一个职业和住所变化不定、技术和工作方式不断革新、信仰和风俗或多或少不停改变的社会，自主选择的技能从功能上说是人的幸福不可或缺的。第二种是文化论证（cultural argument）：对于那些其文化传统反复灌输一种特殊自我理解（self-conception）的人们来说，自主选择是幸福不可或缺的。在拉兹的著作中，这些论证并没有完全分开。事实上，它们在一定程度上有重叠，因为拉兹主张，即便那些没有把自己理解为自主行动者的人，要想获得幸福，也要具有自主的技能，如果他们生活在一个其他大多数人都如此理解自己的社会的话。这是功能论证的一种变化形式，但是或许唯有在某些文化中才有说服力。

　　我们并不清楚，拉兹的完善论观念及其包含的对自主性的重视最依赖的是这两种论证中的哪一种。他告诉我们说：①

---

　　① J.Raz,*The Morality of Freedom*,pp.369-370.（中译参阅拉兹：《自由的道德》，第379—380页。——译注）

跋

在西方工业社会，一种特殊的个人幸福观念已经变得非常流行。那就是个人自主的理想……这是一种特别适合于工业时代状况及其后果的理想，在工业时代，技术迅速革新，劳动力自由流动。它们需要一种应对不断变化的技术条件、经济条件和社会条件的能力，需要适应能力、获得新技能的能力、从一种亚文化转向另一种亚文化的能力、接受新的科学观点和道德观点的能力。

152

这听上去很像一种功能论证，但是拉兹立刻又继续说：

把这种理想等同为应对现代社会之变动性的能力就错了。自主性是一种自我创造的理想。在过去的许多时代都有自主的人，无论他们自己或他们身边的人是否将此看作一种理想的存在方式。

在同一本书稍后的地方，拉兹声称：①

个人自主性的价值是一个无可争辩的事实。因为我们生活在一个其形态在很大程度上基于个人选择的社会中，也因为我们的选项受到我们社会中现成可得的东西限制，因此，唯有我们可以成功地实现自主，我们才能在其中兴旺发达。……最终，那些生活在一个对自主性有提升作用的文化中的人唯有成为自主的人才能兴旺发达。

在随后的一本书中，他声称：②

正是由于自主性增加了自主的人的幸福，我们才重视自主性。我们认为，一种生活是自主的这一事实增加了生活的价值。我们认为，我们自己的生活和他人的生活因为是自主地发展起来的因而是更好的生

---

① J.Raz, *The Morality of Freedom*, p.394.（中译参阅拉兹：《自由的道德》，第404页。——译注）

② J.Raz, *Ethics in the Public Domain*, p.105.（中译参阅拉兹：《公共领域中的伦理学》，第141页。——译注）

167

活。但是唯有当自主的选择所选择的是有价值的东西以及值得选择的东西时,我们才重视自主的选择。

在一次答复他的批评者时,他明确地说,他并不把自主看作好生活甚至是最好生活的一个必要条件:①

> 我认为存在着(也可以存在)一些没有压抑的社会,在那些社会中,人们把他们的生命投入到有价值的志趣中,即便他们的志趣和向他们开放的选项不能由个人选择。职业或许由习俗所决定,婚姻由父母安排,生儿育女受性冲动控制,小孩的养育受传统控制,兼职的活动很少且全是传统的,且从事那些活动是必需的,而非可选择的。在这样的社会中,很少有流动性,甚至朋友也不是选择的。与我们保持联系的人很少,他们一辈子都呆在那里,我们只是不得不和他们友好相处罢了。我并不认为缺乏选择就降低了人际关系的价值,或者就会使得在专业技能、体力、精神、事业、领导、学术、创造性或想象力方面不那么卓越,在这样的生活中,所有这些都是可以实现的。

我们如何看待拉兹的论证呢? 功能论证容易受到来自当代多样的亚洲文化的证据的批评,而且也确实被这些证据所证伪。这些文化吸收了西方的技术与种种科学知识,实现了高度的工业化和城市生活,而且高度适应了技术变革与经济变革的连续过程,而没有接受自主与个性这些西方的价值观。这样的社会——其中日本只是最引人注目的例子,因为它在历史上是最先获得成功的,而且仍然是最成功的例子——已经实现了现代化,因为它们吸收了西方的技术,并采取了某些西方的制度,但是它们在这样做的过程中并没有严重违背自己本土的文化传统,在那些传统中,个人主义的价值观并不受重视。这样,它们——比如说新加坡、韩国、马来西亚和台湾——已经颠覆了被马克思和密尔看作理所当然的欧洲中心主义的历史哲学,根据

① J.Raz, "Facing Up: A Reply", *University of California Law Review*, vol. 62, March-May 1989.

这种历史哲学,繁荣的市场制度要以一种个人主义道德文化为前提条件。对自主性之价值的功能论证被这些例子推翻了,但是也被西方自由主义文化中的亚洲移民的例子推翻了,无论以什么标准——除了那些借助于西方特有的自主性和个性理想的标准以外——来衡量,他们当中很多人都要比他们寄居国的国民过得更好。正如海库·帕瑞克(Bhikhu Parekh)正确地指出的一样:①

> 正如日本、韩国、新加坡和其他国家的例子所表明的一样,某些形式的工业化并不要求个人自主性,甚至在没有个人自主性的情况下还得到了最好的实现。当然,它们确实要求资本和劳动力等要素的流动,但是这种流动性与自我创造和自我所有权几乎没有多少关系。……自主性是现代社会正常运转的一个必要条件这种说法并不成功,因为它把自主性看作就好像与识字能力、计算能力这样一些社会所需要的非道德技能没有什么不同一样,而且它还剥夺了拉兹为自主性主张的那种道德价值的地位。这种说法从经验上看也是错误的。……用拉兹的话说,移民到英国的亚洲人并不重视自主性。然而他们在物质上的成功是显著的,而且得到了广泛的承认。实际上,他们之所以兴旺发达,恰恰是因为他们不太重视自主性,并利用了一种繁盛的共同体生活的大量资源和一种唾手可得的社会支持网络。至于个人幸福,亚洲人当然也有他们自己的痛苦与不快,但是其痛苦与不快并不比那些所谓的自主公民更多,或者,还可以说,甚至比他们更少。

对自主性之价值的功能论证被经验证伪了,无论是从各种各样的非西方文化的例子来看,还是从身处自主受到重视的西方自由主义社会当中的亚洲亚文化的成员的例子来看,都是如此。实际上,如果帕瑞克是正确的,这些亚文化的成员将会过得更好,而这正是因为他们没有采纳他们所处的自由主义文化中占支配地位的那种自主理想。采纳它不会提升,反而会减

154

----

① B.Parekh,"Superior People:the Narrowness of Liberalism from Mill to Rawls", in *Times Literary Supplement*,25 February,1994,p.12.

少他们的幸福。那些生活在一个对自主性有提升作用的文化中的人唯有成为自主的人才能兴旺发达（拉兹如是说）这种说法远非事实，对他们中的某些人来说，要是他们仍然不为自主性动心，他们就会比这种文化下的成员更加兴旺发达。对这样的人来说，对于自主性之价值，根本不存在功能论证或工具论证，因此这两种论证都不可以诉诸他们的幸福。

即便帕瑞克的经验主张不被接受，他的论证也揭示了一点，即拉兹对自主性之价值所作的功能论证赖以建立的经验基础是非常薄弱的，同时也揭示了即便在现实的自由主义文化中，个人自主性与个人幸福之间的关联也是如何的牵强。完善论自由主义的核心理想竟然从包含了如此之多的例外、如此站不住脚且往往是不合理或错误的经验主张推出其价值，这似乎很反常。对自主性的文化论证也好不到哪里去。该论证指出，对于那些把自己理解为自己生活的创造者的人们来说，也就是说，对于那些其自由主义文化已经（我们可以说）使他们习惯于做出他们自己的选择的人们来说，自主性是个人幸福的一个至关重要且不可或缺的条件。确实，这些人的个人幸福不可能得到那些损害其自主性的社会的提升，因为他们认为自己的幸福与保持自主性是不可分离的。然而这并不能确立起自主性的价值，哪怕是对这些人而言的价值，这是因为，他们相信自主选择有助于他们的幸福，但这种信念很可能是错误的。对于任何一个不是彻底的文化相对论者的人来
155　说肯定是这样，对拉兹这样一个道德实在论者——他坚持认为幸福是客观的，至少在一定程度上是客观的——来说当然也是这样。在他论多元文化主义的著作中，①拉兹正确地指出，不要以文化自己的评价来对待文化，比如有的文化会主张他们独特的社会形态有助于个人的幸福。这种说法对自由主义文化来说当然同样正确，对于自由主义文化关于自主性在其成员的幸福中的作用的主张，我们最好不要只看其表面。因此，尽管对自主性之价值根深蒂固的相信——就像其他任何根深蒂固的道德信念一样——是我们在评价那些在生活中坚持并表达出这种信念的人的幸福时必须要考虑进去的，但是自主性在自由主义文化中得到高度重视这一"无可争辩的事实"②

---

① 参见 J.Raz, *Ethics in the Public Domain*, 第 7 章, p.167 及以后几页。
② Ibid., p.394.（中译参阅拉兹：《自由的道德》，第 404 页。——译注）

绝没有证明自主性总体而言促进了个人幸福,即便是那些最重视它的人的幸福。

事实上,如果我们把下述信念归于拉兹,即自主性是历史定数,是由其他不可抗拒的历史力量——比如现代化的力量——所强加的,那么拉兹的论证就具有最大的说服力。然而,尽管西方自由主义文化确实普遍是由自主理想以及与之相伴随的自我创造的映像或幻象所激发起来的,但这并不意味着现代化与自主性必然相伴,也不意味着人类的繁盛与个人的幸福在所有或者大多数现代文化中都以自主性为前提条件。如果它真的是幸福的前提条件的话,它唯有在某些文化——比如当代西方自由主义文化——中才是幸福的前提条件,那些文化中的社会形态已经体现了自主性,而且那些文化本身也增加了幸福。所有现代或"文明"社会必须把自主性作为其成员的个人幸福之条件来加以促进这个命题——该命题在密尔那里很明显,而在拉兹那里只是一个隐含的假定,如果该假定是正确的,就将使得拉兹的论证更为有力——现在已经被某些非西方民族的历史所证伪,也已经被自由主义西方社会中的亚洲移民的经验所证伪。据我所知,唯有这种欧洲中心主义的历史哲学——根据这种历史哲学,现代化意味着接受西方个人主义价值观——在密尔或拉兹那里支撑着那种对个性与自主性的重视,即认为它们既不同于也不仅仅是那些激发地方性文化形态的理想。

而且,也唯有这种欧洲中心主义历史哲学才能解释最近一些自由主义——比如罗尔斯和罗蒂的自由主义——为自己主张的更重大的意义。无疑,在罗尔斯最近的杜威主义阶段,其前期理论中明确的普遍主义主张变弱了;但是是什么东西支持着下述主张呢:罗尔斯后期著作中提出那种对正义的解释具有某种持久的重要性? 罗尔斯不遗余力地强调,与密尔的自由主义不同,他的自由主义并没有赋予自主性与个性这些完备的道德理想以特殊地位;①但是其早期著作和后期著作所持有的那种对人的理解显然是当代西方自由主义文化,特别是美国的个人主义生活方式的产物。而且,唯有借助于这种对人的理解——这种理解使人从任何构成性的共同体依附 (communal attachment) 中脱离出来,并被剥去了任何独特的文化身份或历

①　J.Rawls, *Political Liberalism*, p.78.

史身份——罗尔斯才得以成功地从世界观与善观念多种多样这一历史事实推出一个自由主义国家。因为就其本身而言,多元化这一历史事实最自然也最合理地支持着一个霍布斯式的计划,即寻求一个和平的权宜之计(modus vivendi),而不是一个康德式的计划,即设计一部自由主义宪法,一部所有自主行动者都可以给予理性同意的宪法。如果没有一种杜威式历史哲学——根据这种历史哲学,西方的尤其是美国的个人主义社会形态被认为是人类的历史定数——的支持,罗尔斯对正义的解释就只具有地方意义,只是以一种系统的方式在表述美国自由主义文化下某些阶层的自我理解与直觉。它对其他任何人来说都没有权威,也了无趣味。

　　同样的说法对罗蒂的自由主义也是有效的,这种自由主义是罗蒂进行过更加深入思考的,但也没有根基,这种自由主义完全承认自由主义的自我(selfhood)、话语和共同体的偶然性。① 在罗蒂的著作中,这种自由主义与"实用主义乌托邦"(pragmatist utopia)概念结合在一起,"实用主义乌托邦"是一个"大同世界"(cosmopolitan world-society),它"体现了基督教、启蒙运动和马克思主义关于解放的元叙事最终所追求的同一种乌托邦"。② 唯有假定了一种杜威式的或密尔式的进步理论,这种结合才是有意义的,根据那种理论,一种自由主义文化被判定为全人类利益的最佳保障。否则,就像罗尔斯一样,罗蒂的计划——即追求"一个除了自由别无所求的理想的自由主义社会"③——之所以有趣,也仅仅是因为它表述了一种特属西方的(实际上尤其是美国的)个人主义理想。罗蒂意识到,所有的基础主义自由主义都把自由主义社会的地方性文化形态提高到理性、功利或正义的普遍要求的地位,而且,自由主义政治哲学中的这些基础主义计划全都失败了。与此同时,他对美国自由主义文化提出了一些普遍的主张,那些主张之所以站得住脚,仅仅因为他利用了一种杜威式的历史哲学,在那种历史哲学中,地方性的美国个人主义文化形态被看作一种普世文明或世界主义文明的发端或样板。如果我们因为他那种杜威式进步观念把独一无二却不正当的特殊

157

　　① R.Rorty,*Contingency*,*Irony and Solidarity*.

　　② R. Rorty, *Objectivity*, *Relativism and Truth*:*Philosophical Papers*, vol. 1, Cambridge, Cambridge University Press,1991,p.209.

　　③ R.Rorty,*Contingency*,*Irony and Solidarity*,p.60.

地位赋予了一种特殊的文化形态而放弃它,那么罗蒂的自由主义理想就不再具有独一无二的权威,即便对美国来说也没有权威,在美国,自由主义文化尽管很强大,但至少在学术机构以外还远构不成霸权地位。如果是这样,那么自由主义文化形态就只体现了多种生活方式中的一种,无权规定与其他生活方式和平共处的条件。

因此,政治哲学的任务并不是一种辩解(apologetic)任务,即为自由主义学术界凭本能所相信的东西寻找拙劣的理由,而是要为不同的共同体与生活方式之间的共存设计合理的条件。为这一任务设定思想议程的那种价值多样性并不是生活计划上那种软弱无力的多元化(即罗尔斯与他所体现的那种美国自由主义所歌颂的那种多元化)。毋宁说,为这一任务设定思想议程的是体现在历史上的共同体之生活当中的所有生活方式与善观念之间的不可通约性与冲突(这种不可通约性与冲突是可以在现实世界中找到的)。一种后自由主义的、多元主义的政治哲学的任务就是要从理论上思考不同文化、共同体与生活方式之间的冲突,并实现它们之间的和平。我相信,正是这种多元主义事业是自由主义事业的历史继承人,也是自由主义真正的后裔。在这种多元主义事业中,自由主义的文化与生活方式没有任何特权。

不可避免的结论便是,密尔的自由主义后裔就像密尔本人一样,依赖于一种已经为历史所颠覆的进步观。因为,在放弃了曾经吸引着自由主义思想家(比如密尔这样的思想家)的那些基础主义计划以后,唯有一种历史哲学可以支持自由主义的普遍主义主张,在那种历史哲学中,个性与进步这些西方价值观的普遍化被等同于人类的进步。或许其他一些并不赋予自由主义或西方价值观以特殊地位的进步观也是可能的;或许进步概念本身可以被正当地看作启蒙运动野蛮的遗留物。无论如何,由历史本身提出的对这种欧洲中心主义历史哲学的经验反驳意味着,不仅密尔的自由主义政治哲学破产了,而且所有自由主义政治哲学都破产了。正如我们时代的一个伟大自由主义思想家所说:①

---

① I.Berlin,*Four Essays on Liberty*,p.172.(中译参阅伯林:《自由论》,第245页。——译注)

自由地选择目的而不宣称这些目的具有永恒的有效性，这种理想以及与此相联系的价值多元化，也许只是我们正在衰退的资本主义文明晚近的果实：遥远的古代和原始社会并不承认这个理想，子孙后代会带着好奇甚至同情来看待它，但是他们并不太理解。

通过理解并接受这一真理，即自由主义价值观没有在任何意义上得到历史的支持，而且也没有权利主张自己体现了人类的永恒利益，这样，我们便承认了我们不属于密尔的自由派后裔，而是属于自由主义的后裔。

附　录

密尔与自由主义的未来[①]

如果对密尔政治学著作的价值存在共识的话,那么这种共识就在于,我们可以求助于它而找到支持着自由主义者之希望的那种道德进步(moral up-lift)。但是如果我们指望从中找到很多与我们今天所面对的紧迫问题有关的启发,我们将会失望。有些人声称能够获得新的更伟大的真理的,他们毫不犹豫地宣布作为密尔所有著作灵感来源的那种充满激情而又合乎情理的自由主义过时了。也有许多其他人相信,密尔所为之奋斗的大多数事业已经赢得了可靠的胜利,因而他们否认密尔的著作在当代还具有对其最初的读者所具有的那种意义。更重要的是,也许在进步圈子中广泛地存在一种印象,即密尔那试探性的(tentative)、充满仁爱精神的(humane)自由主义对各种社会中困惑的公民几乎没有说过什么,那些社会多方面的危机需要的是大胆而激进的措施。对于密尔的自由主义已经像任何政治思想传统一样死亡了这个说法的准确性,很少有人会怀疑,无论人们将对这个说法表示遗憾、自得还是赞同。[②]

---

① 本文原题为"J.S.Mill and the Future of Liberalism",发表于 *The Contemporary Review* 220(1328),1976 年 9 月,后来收录于 John Gray,*Liberalisms:Essays in Political Philosophy*,Rout-ledge,1989。该文中译曾发表于《东方》2003 年第 10 期,也曾在网上转载。为增进读者对密尔自由主义思想的理解,现经修订后收录于此。——译注

② 对此共识持异议者有 Alan Ryan,"John Stuart Mill's art of living",*The Listener*,1965 年 10 月 21 日;"John Stuart Mill and the open society",1973 年 5 月 17 日;Antony Flew,"J.S.Mill—Socialist or Libertarian?",in Michael Ivens(ed.),*Prophets of Freedom and Enterprise*,London:Kogan Page for Aims of Industry,1975,pp.21-27;Ian Bradley,"John Stuart Mill—A Victorian Message for Modern Liberals",*The Times*,1973 年 5 月 8 日。

　　然而,这些死亡宣告书也许下得为时过早,它们的流行将为所有自由主义所关注。密尔的自由主义具有一种超越了他写作时代的条件的意义,它满足了一些持久而广泛的需要。密尔的著作中包含了一种对开放社会的论证,这种论证直到现在仍未被驳倒,而且我们需要提醒每一代人都注意这种论证:这些著作与那些对集体主义和极权主义制度的要求持怀疑态度的人有特别的相关性,那些人对任何纯粹防御性的保守主义都感到不满,而寻求一种激进主义。这种激进主义并不怕思考当前政策与制度中巨变的必要性,但是它却对这种大范围的社会工程所存在的危险心知肚明。那些正在寻找这样一种开明激进主义的人将会发现,密尔本人就是在解决我们今天面对的某些最为急迫的问题。很难相信当代的讨论没有忽视密尔对自由主义传统的独特贡献。

密尔《论自由》中的论证

　　根据密尔在《论自由》一书中的详细阐述,他的自由主义最重要的核心并不在于他用来支持自由主义的思想自由、表达自由和结社的后果论论据中,而在于一种对人性与自我发展的看法中。《论自由》的核心论据为,自由社会是下面这种人会同意生活于其中的唯一一种社会:他们相信自己具有多种多样的可能性,但是对自己的能力以及对别人都持批评态度,他们希望成为自主的行动者,也珍视自己的个性。密尔把人看作是进步性的存在,这种观念让密尔看到,有必要以一种能够推动作为自主行动者的人之发展的方式去规定正当的社会控制之范围,限于推动人作为自律主体的发展。他通过提出著名的"自由原则"来完成这一任务。实际上,这一原则在密尔论据的不同阶段呈不同的形式,但其主要的力量包含在如下律令之中:只有当个人行为损害到或可能损害到他人的利益时,他的自由才应当受到社会或国家的限制。

　　有一个事实很重要,《论自由》的现代读者注意到与密尔的自由原则相关的两点。第一,尽管密尔小心翼翼地强调,这一原则陈述的是正当限制自由的必要条件而非充分条件(因为即使他人利益明显受到某种行为的损害,该原则的强制执行所付出的代价也可能使得限制自由是错误的),但是密尔也坚持认为,在现代社会,每当个人享有一种以损害他人的方式去行动的传统自由时,自由原则就受到了破坏。密尔最常提到的不可用自由原则来证成的传统权利是不受限制的生育权利。它既损害了那些不负责的父母的子孙后代的利益,也损害了在获取稀缺工作与资源时与他们竞争的所有人的利益。在自由主义原则中,密尔不会反对设立"准生证"制度的建议(尽管他很可能怀疑其可行性),而且,密尔当然会同情那些提倡把人口控制——甚至为此采用强制措施——作为一条维系自由的政策的一部分以便应对一个已经人满为患的世界的人。①

第二,密尔的原则有一个很明显的蕴涵意义,即通过规定正当限制自由的必要条件,它不允许对个人自由进行无限范围的干涉。密尔不遗余力地把他读者的注意力引向其原则所禁止的两种干涉,即,限制自由以便阻止个人的自我伤害;限制自由以便使个人与其共同体中公认的道德观念保持一致。

重要的是,在排除对自由的父爱主义限制(比如对出售成瘾性药品的法律限制所涉及的那种父爱主义限制)方面,密尔比当代大多数自由主义者走得还要远。同样,毫无疑问,在媒体审查与色情文学问题方面,密尔将会采纳一种毫不妥协的自由至上主义立场;而在性行为问题上,他将反对所有基于道德主义理由而非为了阻止伤害的立法。最后,毋庸置疑的是,密尔将支持像托马斯·萨斯(Thomas Szasz)博士这样一些人所发起的运动,他们希望结束对被判定为精神不正常的人进行人身限制和非自愿的治疗,或者至少把这些实践纳入更严格的法律控制之下。② 无论当代自由主义者是否会遵从密尔,从而坚决反对国家父爱主义和法律道德主义,如果他们仔细地思考密尔对这些政策的反对,他们都将变得更为明智。③

---

① 例如,Jack Parsons, *Population versus Liberty*, London: Pemberton Books, 1971, 附有 Douglas Houghton, Sir David Renton 与 Lord Beaumont 所作的前言。
② 见 Thomas Szasz, *Law, Liberty, and Psychiatry*, London: Routledge & Kegan Paul, 1974, 及其他著作。
③ 尤其见《论自由》第三章。

密尔的激进主义

尽管流行的进步观点会发现在药品使用与媒体审查问题上,它与密尔的立场情投意合,但值得注意的是,他在国民教育的恰当组织问题上同样明智的观点却在这样的圈子中鲜有支持者。密尔认为,"由国家建立并控制的教育应当仅仅作为相互竞争的实验中的一种而存在(如果它的确存在的话),它的目的是树立榜样和激励,以便使别人达到某种卓越标准。"[1]尽管这一观点直接来源于他对提升所有生活领域中的多样性的关注,但是除了保守党右翼和艾文·艾利希(Ivan Illich)的极左派信徒以外,这一观点在政治生活中却鲜有应者,尽管多年来自由主义者不断提倡用教育券制度(voucher schemes)作为公立教育的替代品或补充而未引起注意。[2] 具有吊诡意义的是,为瑞森希尔(Risinghill)这样的学校的命运哀悼的激进主义者没有掌握一个简单的真理:在一个由保守的官僚机构和政治上脆弱的地方政府所支配的垄断的公立教育体制中,大胆的实验不可能兴盛起来。密尔对教育的看法揭示了他的反集体主义的激进主义与取而代之的费边式父爱主义之间的差异。前者总是试图通过扩大弱势群体自由选择与自立(self-reliance)的机会来帮助他们;后者的目标明显在于使穷人依赖于社会劳动者和仁慈的计划者的扩张主义组织(expansionist apparatus)。

密尔的激进主义与 20 世纪政党的激进主义(稍后我将回到这个问题上来)之间这种总体差异是值得加以评论的,因为这种差异揭示了密尔政治思想最重要的倾向之一,这种倾向体现在他不断寻求减轻苦难和根除社会不正义的方法,同时又在最小的程度上限制个人自由。密尔的反集体主义方法之意义在他那个世纪就已经增加了而不是减少了,而且在他去世后增加得更多,因为现在我们知道,大量国有化(nationalized)社会服务不仅导

---

① On Liberty, Dent edition, 1972, p.61.

② 例如,Milton Friedman, *Capitalism and Freedom*, Chicago: Chicago University Prees, 1974; A. T. Peacock and C. K. Rowley, *Welfare Economics——A Liberal Restatement*, London: Martin Robertson, 1975。

致自由的巨大损失,而且还促使了收入和资源的再分配,从穷人手里转移到了富人的手里。实际上,在这种制度下,放弃自由最多的人反而是那些得到回报最少的穷人。

密尔处理工业社会中社会不正义的方法包含着一种对正统社会主义的批评,这种批评对一百多年以后的激进改革者有深远的教育意义。密尔预见到了革命的社会主义的命运,他警告说,追求社会主义的灾难性策略由于以现存社会秩序陷入混乱为前提,所以它们必将产生的不是其支持者所梦想的宜人的无阶级的无政府状态,而是专制,它绝对要比旧制度更为暴虐,这种制度为任何一种个性都只留下很小的空间,甚至根本就没有留下任何空间。他也敏锐地察觉到国家主义(Statist)和费边主义这样的改革派社会主义所存在的危险。把密尔看作费边主义的先驱之一显然是错误的,如果是这样,那么,认为他和在塞尔斯登团体(Selsdon Group)是一路的同样不准确;①因为,为了减少当时正在形成的工业社会中的重大不正义,密尔提出了一系列建议,这些建议在今天看来仍然具有非常激进的蕴涵意义。

密尔并不是自由放任主义坚定不移的支持者(其实,任何支持自由放任主义的原则的古典经济学家都会设定一些重要的例外或限定),并承认许多政府行为都是恰当的,其中许多政府行为在 20 世纪的西欧和英语世界的自由民主制度当中已经被看作理所当然了。然而,重要的是要认识到,密尔为处理工业文明的社会问题所提出的建议比战后福利国家所采取的各种行为都更为激进。

密尔对他那个时代所兴起的工业社会的批评主要针对的是财富的分配不当和压迫性的工业组织制度。在其生后于 1897 年发表于《双周评论》上的"社会主义论章"中,密尔宣称,在现存社会中,"报酬不是与个人的劳动和节俭成正比,而是几乎与之成反比"。他认为,这种报酬分配的不平等首要原因之一在于财富不停地跨代积累而导致的财富集中。他自己对此提出的纠正办法(尽管他在随后的经济学著作中详细讨论过)在今天看来就像在 1848 年《政治经济学原理》第一版中提出它时一样具有乌托邦色彩。密

---

①　这种说法由 Flew 提出,见 J. S. Mill-Socialist or Libertarian?, Michael Ivens (ed.), *Prophets of Freedom and Enterprise*。(塞尔斯登团体是 1973 年成立于英国的一个提倡自由市场经济的压力集团。——译注)

尔支持的不是房地产遗产税(estates duty)制度,而是我们今天所称的增益税(accessions duty)或遗产税(inheritance tax)制度,它应向资金的接受者而不是捐赠者征收。

这种税收的优点在于,与其他安排不同,它不需要把财富从私人手里转移给国家,因为通过合意的临时措施广泛地分散个人财富,显然就可以避免这一点。密尔支持对遗产税进行一种有助于财富分散的改革,同时他又反对累进所得税(progressive taxation of income),这一点使得他对社会不正义的激进理解与驱动着大多数社会主义者的那种观点有所不同。尽管密尔的激进社会正义观促使他支持在他那个时代的工业社会条件下对财产与收入的进行再分配,但是他的社会正义观并没有一种特别的平等主义(egalitarian)取向。他之所以谴责巨额财富的继承,是因为它本身是不应得的(undeservedness),而且因为财富的大量集中最终可能对自由有害,无论是集中于政府手中还是私人手中。然而同样地,密尔的社会正义观也使他不同于所有的保守主义者,他们最终只关注保护根深蒂固的特权。在《政治经济学原理》第一版中,密尔提出了对所有人而言一种必须保证的年收入或社会红利应该是多少,他的这条主张进一步加强了他的观点与保守主义思想之间的这种区别,同时也揭示了密尔的立场与同一传统中的当代激进派之间何其地接近。①

当然,财富分配的不公平与资本主义工业组织的模式紧密相关,在这种组织中,企业归资本家所有并由他们管理,在他们与工人之间的关系中,他们处于权威地位。密尔终其一生都反对这种工业组织制度。他之所以反对,首先是因为它把资本家与工人之间永恒的利益冲突制度化了,任何生产性联合只要依赖于这种相互对立的基础,都不可能具有稳定性或效率。第二,工人身份与所有者、管理者身份的分离使得工人没有真正的机会去发挥自己的积极主动性。这样就阻碍了工人的成长,并妨碍了他们成为密尔在《论自由》中所提到的那种负责而自主的个人。密尔从根本上反对他那个时代的资本主义制度,这使他终身都对利益共享(profit-sharing)制度、工业

---

① 比如,一种非常接近密尔传统的改革计划,见 J.E.Meade, *Intelligent Radical's Guide to Economic Policy*, London: George Allen & Unwin, 1975。

合伙（industrial partnership）制度和生产者合作制度感兴趣。但他最为大胆的观点远远超过了这些建议，可以最好地将之描述为一种非革命的、竞争性的工团主义（syndicalism）。正如密尔所说：

> 我们一定可以预料到，如果人类不断进步的话，最终占主导地位的联合形式将不是作为负责人的资本家与没有管理权的工人之间的联合，而是劳动者在平等的基础上的联合，他们共同拥有用来经营他们的公司的资本，在由他们选举并可由他们更换的管理者的管理下工作。①

密尔的后资本主义社会

对于这段话所表达的那种工团主义或非国家的社会主义（non-state socialist）观点，有几点需要立即加以说明。至关重要的是，密尔对后资本主义社会的看法几乎不同于所有的社会主义者，他并不主张取消竞争。事实上，对密尔来说，在现存工业组织制度中，任何试图压制企业与个人之间竞争的变革或减少竞争有效性的变革都将导致一个不可接受的社会。如果说密尔在某种意义上是社会主义者——他确实设想了某种不同于 19 世纪英格兰也与我们的资本主义社会大相径庭的社会秩序——那么他的社会主义绝对是一种"市场社会主义"。然而，与南斯拉夫那种市场社会主义不同，根据密尔对后资本主义社会的看法，生产方式中的私有财产制度并没有被废除：没有任何迹象表明工人在他们企业中的股份不可出售；而且完全有理由认为，密尔希望看到资本市场的改善，即使在完全实现的工团主义社会中，作为工业先锋的企业家阶层也应该有一种被承认的地位。再者，值得注意的是，尽管他对工会主义（trade unionism）有一种不合正统的同情，但他没有在

---

① *Principles of Political Economy*，Penguin edition，1970，p.133.（中译参阅约翰·穆勒：《政治经济学原理》，第 341 页。——译注）

未来社会中为工会预留任何任何真实的地位。他期待着有一天，由工人所有权和自我管理所带来的生产中各方利益的一致将允许"工会主义真正的安乐死"。换句话说，密尔建议让工人参加管理，这与西方社会主义理论家深思熟虑的想法迥异其趣，他们的想法显然只是想在管理中把我们反动工会官僚组织的忠实代表包括进去而已。

对于密尔的思想在何种程度上接近于在 20 世纪最后 25 年的想法，在密尔对静态经济（stationary-state economy）的支持中可以找到或许是最为重要的例子。像其他古典经济学家一样，密尔也承认，在一个自然资源稀缺的世界上，人口不断地给土地和食品储藏制造压力，经济增长只是暂时的。然而，与古典传统中所有其他经济学家不同，密尔并不怕静态经济的到来。他反而欢迎它，因为它为社会价值观的大规模转变提供了机会。密尔认为，社会应当被重新组织，以便和平地转向经济停滞。当然，他的这种观点在很大程度上来自于其新马尔萨斯主义立场，这种立场坚持认为世界资源是有限的，人口过多会带来持续的危害。现在看来，这一立场似乎比 20 年前更有道理。然而，密尔对静态经济的支持更多地不在于担心资源的枯竭，而是担心不断追求财富会对人的性格所造成的破坏性影响，担心持续的经济增长给我们的自然环境带来的毁灭性后果。

我认为，密尔激进主义的一个特点在于，几乎与所有形式的社会主义不一样，它并不奠基于对物质财富极大丰富——这种富足产生于技术的魔术般的创造力——的幻想，这一特点使它对当代激进主义改革者来说特别有意义。当这一观点几乎还不为人知的时候，密尔就告诉他的读者：

> 只有在世界上的落后国家中，增加产量才仍然是一个重要目标。在那些最为发达的国家，经济方面需要的是更好的分配，而要想更好地分配财富，不可缺少的手段之一就是更严格地控制人口。[1]

再者，对于《政治经济学原理》预言性的一章即"论静止状态"，密尔总

---

① *Principles of Political Economy*, Penguin edition, 1970, pp.114–115.（中译参阅约翰·穆勒：《政治经济学原理》下卷，第 320 页。——译注）

结道:"资本和人口处于静止状态,并不意味着人类的进步也处于静止状态"。[①] 一个世纪以来,经济无限增长所具有的自我挫败性(self-defeating)和破坏性已经成为我们最关心的问题之一,在这个世纪,密尔号召我们乐于接受静态经济更加有意义了。由能源成本上升而导致的意外经济衰退使得公众人物惊慌失措,他们孤注一掷地寻求维持经济增长的方法,这时,我们更加急需留意密尔的号召。

密尔激进自由主义的意义

我关于密尔思想对当代自由主义者的意义的讨论应该已经阐明了一些理由来说明,为什么把密尔看作一种过时教条的守护神是不对的。我认为密尔的激进自由主义至少在三个方面可以为那些寻求合理激进主义的人提供许多借鉴。密尔的激进自由主义是反中央集权的(decentralist)、反国家主义的(anti-statist)激进主义。与正统的社会主义不一样,它致力于解决在我们社会极为根深蒂固的制度中满足那些被广泛承认的需要——即对政治权力下放、权力分散和积极主动性的需要——时所涉及的难题。尽管密尔要求在很大程度上对财产因而也是对收入进行再分配,但其思想仍然是一种激进主义,它提供了一种针对拉平式的平等主义社会正义观的替代性观念,这种平等主义在实践中将不可避免地要么导致停滞而划一的社会,要么导致这样一个社会,在那个社会中,权力与权威的差异代替了危害性小得多的金钱报酬上的差异。而且这种激进主义完全准备面对由发达或过分发达的社会中经济的停滞所提出的挑战。有些人试图改进自由主义社会的制度与政策。同时又继续保持对自由主义传统的核心理念的忠诚,密尔的政治思想应该是这些人重要的灵感。

谎称我们可以在密尔著作中找到我们现在所面对的所有主要问题的答案,这并没有什么好处,而且无论如何,密尔也不会赞成这样的做法。密尔不可能告诉我们如何才能应对恶性通货膨胀和不断增加的失业,同时又能

[①]　*Principles of Political Economy*, p.116.(中译参阅约翰·穆勒:《政治经济学原理》下卷,第 322 页。——译注)

保留传统的自由主义的自由。如果在其著作中去寻找关于当代经济制度（无论是"资本主义的"还是"社会主义的"）的多种危机的阐述，我们将一无所获。在设计制度以应对前所未有的经济形势方面，正如凯恩斯所强调的一样，在新的时代我们需要新的智慧。如果对我们从英格兰自由主义的伟大时代继承下来的任何政治和经济制度不加批评，这就是对密尔所代表的求索精神的不忠。正如密尔自己所说，如果我们要实现民主的诺言，同时又要避免民主制度下多数人的暴政，那么对我们的政治制度进行激进改革就是必要的。① 对于如何在一个与密尔所处世界多有不同的世界实现一个自由主义社会，千万不要指望密尔的著作能为我们提供一份蓝图，不过本章已经指出，激进派如果在处理当今困扰我们的某些重大难题时忽视了密尔的思想，就不明智了。密尔总是把他的时代看作是转型时代，而我们的时代仍然是一个转型的时代。如何进行这一伟大的转变？如果当前对传统政治智慧的解构能够鼓励自由主义者重新去审视密尔在这个问题上的观点，那就是个好兆头！

---

① 见密尔《论代议制政府》第十章对比例代表制（proportional representation）或个人代表制（personal representation）的建议。

索　引

(本索引词条后的数字为英文版页码,即本书边码)

译 后 记

约翰·格雷是英国当代一位非常多产的政治哲学家,他于1948年出生在英国南希尔兹,早年在牛津大学学习"哲学、政治与经济"(PPE),毕业后先后任教于埃塞克斯大学、牛津大学与伦敦政治经济学院。他的研究涉及政治思想史与当代政治哲学的广泛领域,其著作除了已有中译本的《伯林》(昆仑出版社1999年版)、《自由主义的两张面孔》(江苏人民出版社2002年版)、《伪黎明:全球资本主义的幻象》(中国社会科学出版社2002年版;中信出版社2011年版)、《自由主义》(吉林人民出版社2005年版)、《密尔论自由》(与史密斯合编的文集,吉林人民出版社2011年版)以及这本《密尔论自由》(1983,1996)以外,还有《政治哲学中的自由概念》(1984,与Zbigniew Pelczynski合编)、《哈耶克论自由》(1984,1998)、《自由主义种种:政治哲学论文集》(1989)、《超越右派:市场、政府与共同的环境》(1993)、《后自由主义:政治思想研究》(1993)、《启蒙的觉醒》(1995)、《社会民主之后》(1996)、《动物的沉默》(2013)、《木偶的幽灵:人类自由简论》(2015)等等,共计二十余部。

我于2002年读《自由主义的两张面孔》时,初次接触到约翰·格雷。当时读到格雷对传统自由主义的批判,顿觉视角独特,思路新颖,颇为有趣,这促使我去对格雷作更多的了解。当发现格雷对政治思想史的研究尤其是自由主义的研究颇有建树后,我曾先后向吉林人民出版社和江苏人民出版社极力推荐格雷的几本著作,包括这本处女作《密尔论自由》。两年后,我欣然地看到格雷的小册子《自由主义》在吉林人民出版社得以出版,不过格雷的更多著作仍未见到中文版,我翻译格雷著作的心愿也未能实现。2009年在天津的一次会议上有幸结识了人民出版社的钟金铃兄,得知该社正在筹备一套《政治哲学译丛》后,我便向他提到了格雷的这本小书。在金铃兄的努力下,这本书总算于2013年纳入了出版计划。感谢金铃兄的信任和努力,以及武丛伟女士的细致编辑,让我了却了一桩十多年来的心愿!特别感谢澳大利亚国立大学的杰里米·希尔默(Jeremy Shearmur)教授为本书的翻译所提供的热情帮助,当他得知我要翻译这本书时,他便主动提出愿意帮助我完成这一困难的任务,并寄给我他研究格雷的论文(事实上,希尔默教授当年从教英国时和格雷交往甚密,他们都写过研究哈耶克的专著)。虽然这是一本小书,但我仍然用了整整4个月的时间才最终完成,而且期间还没有承担教学任务。这4个月里,我几乎每天像坐班族一样准时到办公室,生活看上去单调,但其实我乐在其中,虽偶有难句让我头痛不堪,但希尔默教授的耐心答疑最终都让我豁然开朗。感谢家人的理解与支持,他们永远是我坚强的后盾!感谢女儿悠悠带给我的无限快乐,她让我感受到了生活的另外一种乐趣和意义!感谢多年来和我相濡以沫的妻子,在我孕育这本译著的同时,她也在辛苦地孕育着一个新的生命,而就在我刚写完"译后记"三个字那一天,我们的第二个女儿出生了。我们为她取名"静好",既表达了我们的一种生活态度,也寄托着我们对未来岁月的期望。

毛 兴 贵

2014年9月18日

记于重庆北碚

责任编辑:武丛伟　钟金铃
封面设计:林芝玉
版式设计:顾杰珍
责任校对:吕　飞

图书在版编目(CIP)数据

密尔论自由:一个辩护/(英)格雷 著;毛兴贵 译.
　-北京:人民出版社,2015.9
书名原文:Mill On Liberty:A Defence
ISBN 978－7－01－015056－7

Ⅰ.①密… Ⅱ.①格…②毛… Ⅲ.①密尔,J.S.-自由-思想评论
　Ⅳ.①B561.49②D081

中国版本图书馆 CIP 数据核字(2015)第 158828 号

密尔论自由:一个辩护

MIER LUN ZIYOU YIGE BIANHU

[英]约翰·格雷　著　毛兴贵　译

人民出版社 出版发行
(100706　北京市东城区隆福寺街99号)

环球印刷(北京)有限公司印刷　新华书店经销

2015 年 9 月第 1 版　2015 年 9 月北京第 1 次印刷
开本:710 毫米×1000 毫米 1/16　印张:12.75
字数:200 千字　印数:0,001-4,000 册

ISBN 978－7－01－015056－7　定价:32.00 元

邮购地址 100706　北京市东城区隆福寺街 99 号
人民东方图书销售中心　电话 (010)65250042　65289539